U0044675

孝的孫子效應

中國文化反思

雲易 著

▌ 作者自序

　　文化的定義是什麼，傳統又是什麼？簡而言之，<u>文化是一個人類群體或社會所創造的一切精神和物質財富；傳統則是一個文化群體中世代相傳的一系列行為和意識規範。</u>

　　一般而言大多數人對文化和傳統不加拷問，視之為理所當然而盲目遵從。然而如果我們細查拷問，則不難發現很多疑問。首先，雖然傳統是人創立的，但其中很多內容並不符合人性。比如印度教（某些地方）中的薩蹄習俗－遺孀必須跳進焚燒丈夫遺體的火坑被活活燒死；比如阿茲特克的活人祭祀；比如中國女人纏小腳，等等。其次，一個時期合理的傳統，另一個時期很可能就不再合理。這是因為歷史的發展不是一成不變的靜態存在，而是動態的和不斷變化的運作，所以文化和傳統如果不與時俱進，就會和人的生存發生衝突。

　　對一個文化的反思是一個文化群體發展的最重要功課之一，因為沒有反思就沒有變化，沒有變化就沒有發展。翻開世界歷史，我們不難看到，不變的文明或文化最後大多自生自滅。比如

中南美洲的很多古文化古文明，由於彼此幾乎完全相互隔絕而缺乏交流，從而沒有變化發展，在經歷了一定的時期後均因各種原因而消亡了。而在人類古文明中心地中海一帶，由於各種相鄰的文明相互交流也相互征服，從而各種文化不斷地受到挑戰，在挑戰中演變甚至淘汰。在這樣的熔爐中每一次勝出的文化都幾乎是最強悍最先進的文化。歐洲文明就是迄今為止這個文明大熔爐的最後贏家，所以它成為現在世界上最有影響力的文明。中國文明由於各種歷史地理原因，思想傳統基本上是被儒家一統天下，並持續幾千年不變。即使儒家思想在中國早期歷史中發揮了巨大的積極作用，但在今天這個與幾千年前迥然不同的社會中它的很多內容必然過時。

本書是作者關於中國傳統文化的論文匯集，主要包含以下幾方面的內容：對中國傳統文化的理性剖析；對中國傳統文化的歷史根源的追究；對個人主義的解讀；對中國兒童教育問題的思考。

本書思考的對像是中國社會的傳統意識形態，而非學術意義上的儒家思想或者孔子的個人思想。群體意識形態和個人思想分屬兩個不同的範疇，前者指一個文化群體的人共同持有的思想意識或信仰，後者不言而喻地是指個人的思想結晶。二者的區別在於，個人思想相對深刻而自由；群體意識形態則相對簡化而僵死。所以儘管儒家思想有諸多閃光點，但流傳於民間並長期壟斷

中國社會的儒家意識卻有很多過時的甚至非人性的內容，並越來越成為社會進步的巨大阻礙。

個體的人包括精神和肉體兩方面，社會也一樣。筆者向來認為，中國社會要成為一個真正健康文明的社會，單是經濟上的發展絕對是不夠的，群體的精神素質必須得到提高。而要提高首先就要改變，所以中國的社會意識形態必須打破儒家思想的單一結構，吸收多元文化意識。只有這樣，中國社會才能真正走進現代文明。

誠然，自五四以降，中國學者對中國文化的反思和批判已經不少，如果本書能提供一些新的角度，給讀者以新的啟發，將是筆者的最大榮幸！

雲易

04/18/2019

　「孝」的「孫子」效應——中國文化反思

目次 contents

第一輯
中國文化反思

一、「孝」的「孫子」效應
——試析中國文化中的奴性根源

　　中國人（註1）罵人時有用「兒子」或「孫子」作比喻的習慣。如罵了某某後感到「就像罵自己的兒子一樣」。這似乎是說，如果被罵的對像是自己的兒子，那這就是「正招」了。當然，有時罵「兒子」還不過癮，一定要冠之以「孫子」之名。被罵的人也往往不自覺地做同樣的比喻：「老子」今天不小心又做了一回「孫子」等等。

　　按這個邏輯推測，在中國人眼中，「兒子」「孫子」這樣的詞彙是與「卑賤」，「低等」等同義的，而「孫子」比「兒子」還不如，是低等中的最低等。然而眾所周知，「奴才」才是指卑賤的人，為何我們中國人在生活中卻更習慣用「孫子」一詞？

　　要回答這個問題，首先要分析一下「奴才」的概念。「奴才」這個詞和「奴隸」有關。在奴隸制被解除之前，奴隸是人類社會中最低等的群體。由於奴隸從肉體上和精神上都從屬於他人，奴隸是不可能有個人意志的。在行為上他們唯一具備的是一

個共性：服從。於是個體主觀意志的喪失，以及對他人意志的服從，就成了奴隸的標誌。「奴才」是基本上和「奴隸」同義的，但除了一點例外，即奴隸是被迫的成為奴隸的，而奴才卻基本是自願的或不自覺地成為奴隸的。所以，奴才之所以為奴才，是由於他甘願做奴隸的特性使之然，奴性即甘願做奴隸的特性。

雖然奴隸的外在地位低，但是由於他們的處境可能是由於客觀的現實條件造成的，在精神上他們並卻不一定都具備奴性。歷史上也曾經有過令人敬佩的精神偉大的奴隸，如斯巴達克斯。所以在崇尚平等尊重生命的今天，我們不可以把「低賤」一詞用在所有奴隸身上。奴才卻不一樣，他們多是主動選擇放棄自己的尊嚴。所以，無論從哪個角度看，奴才都是人類中最低賤的種類，奴性是人的品行中最低賤的品行。

那麼，當我們中國人用「孫子」一詞罵人時，這個「孫子」，真的是具備和奴才一樣的奴性嗎？在三代同堂的家庭中孫子自然是年齡最小的，然而年齡的大小與地位和人格的高下有聯繫嗎？理性地來看它們兩者是沒有的任何聯系的。然而不幸的是，在中國非理性的傳統習俗中年齡似乎在人格的高低標準中起了巨大的作用。這首先要從我們中國人的傳統「美德」－「孝」說起。

按中國的傳統道德規範，「孝」是「百行之先」，「為人之本」。儒家先輩們把「孝」的觀念發揮得淋漓盡致，連子女在父

母身前該怎麼做，到死後該怎麼做，都有所指示：「父母在，不遠遊」，「父在觀其志，父沒觀其行，三年無改於父之道」，等等。更不必說「二十四孝」裡那些的和人性反其道而行之的種種「榜樣」（難怪魯迅大呼「吃人」，「救救孩子」！）。雖然在「二十四孝中」的那些血淋淋的榜樣早已不再有人去照本宣科，但幾千年來，「孝」卻一直成了中國人衡量人品的第一標準。一個人一旦有了「不孝」的行為，他的名譽也就一落千丈了。

　　為什麼中國會有如此極端的道德標準？這個問題可能應該屬於人類學家研究的範疇，在此我試圖分析的僅僅是孝道的實質及其對人性產生的影響。

　　有人說中國沒有哲學，有人說中國有哲學，但只有部分的哲學，即倫理學。這是因為以儒家文化為主流的中國傳統哲學，實際上只是一套以維護國家的穩定次序為目的的道德體系。我傾向於認同後者的觀點。不過，在此我甚至不認為「孝道」具有深刻的倫理學上的意義，因為孝道把倫理學的基礎概念——「善」與「惡」完全簡單化和人為化了——對父母孝即是善，反之即是惡，從而完全忽略了對善與惡的本質研究。「孝」離不開「順」，即對長輩的依順。這種依順主要體現在個人意誌上面。「父要子亡，子不得不亡」，「父母在，不遠遊」，「父在觀其志，父沒觀其行，三年無改於父之道」等等。由於傳統的觀念認定兒女從一生下來就欠下了父母一輩子的養育之恩，從而兒女的

人生目的就是滿足父母的意志，以報答這養育之恩。所以，孝道就是這樣一種行為準則：它以犧牲兒女意志和維護長輩利益為基礎，從而達到固守現成傳統，穩定家庭和社會關係的目的。這其實是儒家思想的全部內涵。為了這個目的，孝道是不擇手段地樹立長輩的地位，賦予長輩在行為上和精神上控制兒女的權力。

在以孝為綱建立起來的家庭關係中，凝聚兩代人的關係的決不是自然的情感，而是一種晚輩對長輩的絕對服從。這種服從的關係確保了家庭甚至社會的穩定，但它同時也導致了晚輩的主觀意志和人格尊嚴的喪失。這個服從，也正好培養了中國人的馴服的個性，即奴隸的特性。

不用說從古到今有多少家長們在孝道的保護下，在「為了孩子好」的名義下打罵自己的親生骨肉，左右兒女的思想意識，包辦兒女的人生選擇，就是在日常的對孩子的「語言教育」中，也存在著嚴重的人格摧殘。這種摧殘，習慣了中國傳統文化的家長們是不自知的，比如「給父母丟臉」，或者動輒把孩子和別人的孩子作比較，等等。這種方法給兒女造成的心理傷害主要有兩點：一是對自身存在的羞恥感，即自卑感；二是生命的從屬感——自己是屬於父母的。自卑感導致人格尊嚴的喪失；從屬感導致主觀意志喪失，於是兒女們從小就處在精神被奴役的環境中。有少數個性天生強硬的人也許能倖存（大凡也是在心理上傷痕累累），成為奴隸中的精神偉大者，然而更多的人卻因為生命

的幼小脆弱而不得不忍受這樣的待遇。久而久之，兒女對父母的這種精神奴役適應了，於是主觀意志便離他們遠去，奴性乘機而入，根深蒂固地紮根在他們的生命中。

孝道就是這樣培養出「孫子」的。幾千年不變的孝道正是中國人奴性的根源之所在。在中國人從家庭走向社會之後，也處處擺不脫「馴服」的痕跡。由於中國人在家就練就了一身忍術，在社會上也隨時可以把自己的人格降低到「奴才」的程度，所謂「韓信忍胯下之辱」。只要是為了自己的實際利益，中國人甚麼樣的「辱」都能忍下。

然而人的心理是需要平衡的，就像一個被壓的氣球，壓力太大就會爆炸。被壓的人，一定要尋找發洩之處。於是好多中國人在一有機會的時候就拼地要爭做「老子」，一定要把他人踩在自己下面。所以，在中國人多的環境裡我們往往看不到，或者很難看到人和人之間的平等互重的關係，更多的是「老子」們和「孫子」們的人格爭鬥。當然，當「孫子」們成了真正的「老子」──父母時，新一代兒女，便不幸地變成了父母們找回自信的最佳工具。於是一代一代地，中國人的家庭就在孝道的庇護下不斷地製造著「孫子」。

孝道之所以能帶來社會的長期穩定，也是因為它的這個「孫子」效應。中國人的傳統家庭關係，實際上就是國家體制的袖珍版。在家庭裡面，父母就是「君王」、「皇帝」；而「國君」、

「官僚」就是「國家」這個大家庭的「父母官」。在家庭範圍裡，「父要子亡，子不得不亡」；在國家範圍裡，「君要臣死，臣不得不死」。在這樣專制的等級關係下，中國的家庭和社會呈現了幾千年不變的「穩定」次序。

由於有了孝道，中國人都成了溫順的「良民」，即奴隸，自然很容易被少數「強者」利用。這樣的孝道，是少數人統治多數人的不平等製度的最好的條件，是幾千年的封建專制牢不可破的基石。然而孝道給家庭和社會帶來的穩定是表面的，因為它是以一代又一代人犧牲他們的個人意志和人格尊嚴為代價。這種穩定還是虛假的，因為它造就的是極少數強大的暴君和廣大的弱民。

由於「馴服」的人格是從剛開始知事時就被灌注在中國人的頭腦中，所以我們很難察覺到它的存在，更不必提追究其根源。就像我們常常出口就是某某人是「孫子」，某某人是「GUI兒子」一樣，根植在家庭關係中的不平等關係已經被中國人世世代代地接受了。儘管在外做了一次「孫子」覺得是受辱，在家裡做一萬次「孫子」也是自然的事。曾經也有不少人意識到中國人的奴性，但對於它的產生的原因卻常常簡單地歸於統治者，封建君王，或者制度等等，而不知道自己的父母可能就是奴性的直接塑造者。誠然，我們的父母也是受害者，我的意思也並非是要把我們的父母都統統推上法庭（當然，社會有了健全的法律之後所有人都應該被一視同仁，父母也不例外），而是當我們知道了這個

真正的原因後，就應該致力於改變我們的家庭關係（註2）。

我們的先輩知道為了建立一個穩定而強大的社會首先要「齊家」、「修身」，即通過整頓社會的最小的集體──家庭，從而把社會的最小的單位──個人都修理得馴服了，天下自然「太平」，君王們自然可以無憂無慮地穩坐江山。而今天，當我們認識到這個穩定和強大是假象時，要改變這個沉澱了幾千年的現象，我們也須從「齊家」，「修身」做起：徹底打破孝道，改變中國家庭中的等級觀念，吸取西方人培養兒童的心理學方法，培養心態健康的有人格尊嚴的中國人。

2007年

註1：文中所闡述的現像是普遍現象，它並不是指所有的中國家庭，更不是指每一個中國人。

註2：當今的很多中國家庭，由於獨生子女太多，已不是傳統的「以孝為綱」的嚴教法了，而是恰恰相反：老子給兒子當「孫子」。之所以有這樣的逆反，我認為還是因為孝道的緣故：它使中國人在家庭關係中只知道有「老子」和「孫子」的關係，而看不到還有一種在人格平等的基礎上的互敬互愛的關係。於是一旦不做自己孩子的「老子」時，便反過來給孩子當「孫 子」。這樣的180度的逆反，培養了一大批自以為是的不學無術的嬌兒寵女，也將是今後中國社會的大害。

■ 二、孝道與兒童虐待

　　很多中國人都對「兒童虐待」一詞非常陌生。隨著國門的開放，漸漸熟悉這個詞，卻也多半認定是「舶來品」──外國才發生的事。其實中國的兒童虐待現象和世界上其他國家相比，是有過之而無不及。不但如此，很多中國人對此還見慣不驚。為什麼？這和我們的傳統「孝道」分不開。本文意在指出兒童虐待之危害性，以及它和孝道之間的密切關係。

1、兒童虐待在中國人中的普遍存在

　　要了解兒童虐待在中國的普遍存在，首先要知道「兒童虐待」的定義。在中國的傳統中，兒童虐待這個詞是不存在的，這並非因為中國沒有兒童虐待，而是因為中國沒有兒童保護──在中國文化傳統中我們可以看到對父母的千歌萬頌，對孝道的贅述具體到非常細緻的程度，卻從來看不到如何愛護兒童的論述（這

正是魯迅在看出吃人文化之後，不得不「吶喊」「救救孩子」的真正原因）。而之所以中國人沒有這個兒童保護意識，又是因為中國文化中沒有對人性的正視和研究的傳統，從而從沒有認識到兒童，有著和成人一樣完整的人格，從而有被尊重的需要。如果不尊重這個需要，就會產生非常嚴重的後果，甚至影響兒童以後的整個人生。

既然在中國的文化中找不出有關論述，要搞清兒童虐待的含義，還是不得不參照西方文化。以下是美國「兒童虐待的預防及處理法案」對兒童虐待的定義：

「兒童虐待：是父母，或撫養人，在扶養兒童問題上的失職，包括導致死亡，嚴重的肉體受傷，性侵犯，或者欺凌，或者沒有對在兒童身上將要發生的傷害行為的進行及時的製止等等。

忽視：忽視是對兒童的基本需要的忽略，比如沒有給以足夠的食物，居住，或者關照，或者醫療（包括心理）治療，或者教育和情感關照。

肉體虐待：是對兒童的身體的有意識地傷害，比如揮打，腳踢，拳擊，咬，或者任何其它導致肉體傷害的行為。

性虐待：是對通過對兒童「說服」或者強迫等手段導

致兒童對性行為的參與或者和對性行為的模仿。

感情虐待（心理虐待）：（這一條定義在美國絕大多數的州生效，並各州有微小的差異，但以下的定義是共同的）對孩子的心智能力或者感情穩定造成的傷害。這些傷害是可以通過以下的現象而觀察到：兒童在行為、情感反應和認知上發生了根本性的和持續的變化，以及焦慮症、憂鬱症、退縮和攻擊性行為等等的出現。（註1）」

根據這個定義，我們就不難看出兒童虐待在中國的普遍存在之事實。在中國，雖然對兒童的性虐待也許相對比西方國家少，但「忽略」和「打罵孩子」以及「情感虐待」卻是非常的普遍，可以說是一個完全被視為「正常」的民俗現象。香港理工學院社會科學系Chan Yuk-chung博士在論文「兒童虐待在中國——一個在中國大陸仍然有待關注的社會問題」中提供了相對詳細的數據：2001年根據中國法學會的全國范圍的調查，在3543個成人中，71.9%的人承認自己有過被自己的父母體罰過的經歷。在北京，每10個學生中就有6個人被體罰過，並且和老師就此交談過。在另一個對中國和韓國的小學生的調查中，70.6%的中國學生經歷過家庭暴力，在被老師體罰的學生比例達到51.1%。（註2）

這和美國的統計數據相比高了很多。在美國，所有種類的

兒童虐待加起來和整個兒童的人口比例是按千分比來計算的。根據美國健康及公共服務部（US Department of Health and Human Services）的2006年的調查，一共有125萬兒童虐待的案例。這個數字按整個兒童的比例來看是每58個兒童中有一個虐待案例（這個數字可能偏於保守，因為在很多外裔美國公民——比如亞裔，非裔等——中很難得到準確的數據）（註3）。不過，就是在這個如此之低的比率下，美國社會對兒童保護的意識卻從來不放鬆，相比之下，中國的兒童保護的確太薄弱。

從我個人的觀察，中國的兒童虐待中除性虐待相對較少以外，其他所有方式的虐待都是非常普遍的現象。「下雨天打孩子，不打白不打。」「打是疼罵是愛」，我們中國人認定了幾千年的觀念本身<u>就使兒童虐待在中國社會的普遍存在成為必然</u>。

最值得我們中國人反思的，除了肉體虐待以外，心理虐待是更為普遍的社會現象。和肉體虐待一樣，很多中國人根本認識不到自己對孩子的方式是虐待。在美國的*公安和犯罪心理日報*（*Journal of Police and Criminal Psychology*, 2005年第一期）對心理虐待有這樣的詳細定義，*"Psychological abuse refers to any acts such as intentional humiliation, causing emotional conflict, or any act that could be psychologically damaging to the child,……"*（*心理虐待包括導致孩子情感衝突的任何刻意羞辱，導致心理創傷的任何行為……*）（註

4）。根據這個定義，我認為太多的中國父母都或多或少、有意無意地步入了心裡虐待孩子的誤區。這是因為，出於在中國人中相對普遍的攀比心態，好多家長習慣了隨時拿別人的孩子和自己的作比較，比如要孩子為自己「爭光」，動輒「你今天給家裡丟臉了」，或者「你叫父母如何在做人？」等等一些列的習慣用語，都是在不知不覺之中一點一滴地摧毀著孩子的個人自信。

更有甚者，少數兒童的生命還受到自己父母的非人的踐踏。請看這個發生在上個世紀90年代（也才不過十幾年前）在中國青海省的事：一個母親把自己的親生女兒活活折磨致死！

這個女人一方面嬌寵自己的小兒子，另一方面對自己的女兒百般虐待，其手段勝過法西斯。她在女兒才三歲時就因女兒餓了叫著要吃東西而用針將女兒的嘴縫起來，被鄰居撞見，立即拆線，不顧女兒痛得死去活來。後來又縫過不止一次，平時也打罵和其它各種折磨不止。最後有一次因女兒要吃東西，這女人用燒燙的菜油餵進女兒的嘴裡。終於，在長達幾天的飢餓和無以想像的肉體痛苦中，這個小女孩睜著眼死去了⋯⋯

她的名字叫蘇麗，離開人世時只有5歲。

這種把自己親生兒女折磨致死的例子，在中國也絕不是極端稀罕之事（我個人在報上讀到的就不止一，兩例）。

總之，中國的兒童虐待，即使不是世界之最，也是非常嚴重的社會現象。如果不引起中國人的極大重視，中國人的人格素

質，將繼續是中國社會的最大問題。

2、兒童虐待的後果：「暴力」，「自卑」和「奴性」

　　很多中國人可能會認為只要是父母都一定會是愛自己的孩子的，所以怎樣養育孩子都不重要。然而，這樣的認識，是因為很多中國人在養育上沒有把孩子當成一個完整的人，會對遭受的不公平的對待產生強烈的反應，從而導致對兒童心理的忽略。事實上，如果養育方式不當，對孩子肉體和心理上造成的創傷，對孩子一生的影響，遠遠不是外在的因素──比如事業，地位等等──能夠彌補的。

　　很多中國人習慣了「打是疼罵是愛」，殊不知，一個從小就受到暴力虐待的孩子會理所當然地把「暴力」看成對待問題的合理解決方式。所以，「暴力」，是對兒童暴力虐待後的最容易導致的後果。根據美國的警察和犯罪心理協會（Society of police and criminal psychology）2005的統計，連鎖變態殺人犯100%毫無例外的都是兒童虐待的犧牲品（其中肉體虐待佔36%，性虐待26%，心理虐待50%，還有8%時被父母嚴重忽略了的）（註4）。可見兒童虐待的嚴重後果。另外，所有的具有暴力傾向的人格，幾乎都和兒童時期承受的暴力有關。

殺人犯當然是最嚴重的例子，並且並非每一個被父母的暴力虐待後的人都會具備暴力人格，但一些不被察覺的「亞健康人格」，卻是更為普遍的一種存在。根據美國心理學研究的結論：「兒童虐待和忽視會導致孩子的身心兩方面的發育遲緩。一個忽略餵養自己孩子的母親會導致孩子的大腦發育不全，一個暴力的父親會使孩子對人的關係不再信任。被虐待和忽略的孩子會把外界世界看成一個不可靠的，可怕的甚至危險的世界，這樣的觀念會導致他們對自己的價值估量降低，最後變得難以適應環境。如果不及時對虐待和忽略加以製止，孩子以後會出現更多更嚴重的問題，如酗酒，毒品，憂鬱症，家庭暴力，自殺傾向等等。（註5）

　　在這些後果的現象之後其實都有著比較共同的內在心理狀態：「自卑」和「奴性」。這兩種心理狀態在中國人中非常廣泛地存在著，並且互為因果，嚴重地影響著個人的幸福和社會的健康。

　　我們先看自卑。自卑雖然一般不會直接導致對別人的傷害，但卻是人生幸福的最大絆腳石。自卑在大多數情況下都源於兒童時期的不公正或不健康的待遇。心理學也發現，人的精神健康和兒童期間的受到的待遇，尤其是父母的待遇，有最大最直接的聯繫。比如一棵樹，如果在它幼小時就被人長期扭曲，那麼它長大了也會是扭曲的。人也同樣，一個人如果童年充滿不幸，她／他的成年後的生活也很難幸福。試想小蘇麗如果沒有被折磨死，她

長大後能輕易地成為一個心理健康的人嗎？我相信不會，除非有奇蹟產生。

　　兒童虐待的犧牲者一般都把自己人生的失敗或失落完全歸結於自己的錯誤（也有少數會走向另一個極端——完全歸於別人），把自己的一切性格弱點歸於自己的天性——無法改變的屬性，而由此產生極大的挫折感、失望感，從而無法積極地對待生活。這就是自信的徹底失落。之所以這樣，就是由於這些受害者是從生命之初就被當成「低等品」對待，他們順理成章地把自己當成「低等人」。並且，由於自己生下來就沒有受到過尊重，他們自然也不懂得「尊重」是怎麼回事，從而不會懂得如何尊重別人，不是把別人看成自己的壓迫者就是看成被壓迫者。由此他們在人際關係中，甚至在和自己的伴侶和兒女中，找不到一個健康平等的基點，從而難以建立健康的親情和友情。

　　這些患者中，悟性高的，或可在自己今後的人生中得到自我調整，而天資差一些的，就會認為自己生來就是這樣，從而帶著自己的心病走到生命的終點。這些人，性格古怪，常常充滿莫名的怒火，把自己從父母那裡受到的壓抑宣洩在自己身邊的弱者身上：妻子、丈夫、下屬，或者性格軟弱的朋友。當然，更多的情況是宣洩在自己的孩子身上（一代一代惡性循環）。這些人，雖然不是殺人犯，但他們的人生幾乎毫無幸福二字可言，甚至還把痛苦帶給身邊的人。

還有更嚴重的，就是那些被社會遺忘的精神病人。西方的心理學（包括精神病學）在針對這樣的心理症患者的治療上，最首要的辦法就是找到根源——父母對他們的虐待。這個做法的目的並不是把自己的責任推給父母了事，而是由此讓患者知道自己的心理缺陷不是天生的，而是外在的強加的，從而是可以改變的。這樣的方法可以使患者樹立找回自尊自愛的信心。但在中國，這些兒童虐待犧牲者卻很難得到這樣的幫助。出於傳統對父母的過分保護，醫生對大多數精神病人都不會——或者不願——查出真正的病因。這種對真相的迴避，無疑使受害者受害更深，精神創傷永遠不得痊癒。

　　由於「孝」，中國父母被無條件地保護起來了，所以我們不可能拷問父母。所有的積怨只有尋找其他的出口。中國的父母，不但可以虐待兒女而不受任何懲罰，老了還理所當然地向兒女索取自己的所需，以償還自己的「養育之恩」。這種不公平的人倫關係幾乎是被中國人完全認可了的。其實有起碼良心和邏輯思考能力的人都知道，在受害者和施害者的關係中，首先要給受害者提供援助和理解，可我們中國人說到了父母那兒就忘了這個道理：不由分說地站在父母一方，不由分說地要兒女原諒，兒女們再大的冤屈都得鎖住於內心。這樣單方面的付出和犧牲，是兒女心理健康的最大敵人。它剝奪了兒女的自我，又使兒女在生活中找不到正當的情緒出口從而把怨恨施加給無辜的人，導致社會上

「變態」人格比比皆是。

再說奴性。兒童，作為幼小的生命，當自己的親生父母成為虐待自己的兇手時，他們無處躲藏，更毫無自衛能力，唯一的反應就是接受：接受對自己的踐踏。而這個行為會導致強烈的無助感和自卑感，以及對權威的畏懼感。對權威的畏懼導致自信的喪失，自信的喪失反過來又導致對權威的依賴，奴性由此而生。

在我們中國人中對兒童最普遍的讚美就是「聽話」。殊不知，把父母的意志強加於兒女之後的結果，就是兒女漸漸喪失自主的能力，萬事無法自己做出決定（當然不排除一部分健康的「聽話」的孩子們）。這樣的孩子在成人後對別人強加於自己的虐待（精神和肉體的）毫不察覺，或者能夠察覺，卻不加以反抗，因為他們早習慣了接受別人（父母）的意志。他們主動放棄思想自由的權力，把自己的頭腦當成實行別人的命令的機器，並且在這個被奴役的過程中享受到一種輕鬆感和不負責任的「舒適」感。這就是精神上的惰性。

具備奴性的人，一方面是歷史上統治者的最愛，因為他們不到餓死不反抗；另一方面，由於萬事都是別人的「主意」，他們最善於把自己打扮成「受害者」，從而萬事都不承擔自己的責任。這也是為什麼中國人從來把歷史上的災難（比如文化大革命）都怪罪於少數統治者，而決不從自身──民眾身上去找的原因。

所以，綜上所述，我們不難看出兒童虐待對人格的嚴重摧殘。另外，這個病態的人格還導致病態的社會。中國人在幾千年的孝道熏陶之後普遍習慣了兒童虐待，也習慣了父母在自己身上留下的累累傷痕，於是病態人格之普及，導致了社會的整體病態。在這樣的社會中，病態的人格被視為"正常"，健康的人格反而成為"異常"。

　　另外我想在此簡單地涉及一下當今中國人的兩代人關係。雖然中國在最近幾十年中像以前那樣對兒女的肉體虐待相對減少，但另一種極不健康的方式仍然存在：對兒女的精神自由的剝奪。如果說以前的父母是以「黃金棍」虐待孩子，而現在的父母則以另一種方式：**物質上的嬌寵和精神上的專制**。這表面上看起來是愛護兒女，實質上同樣是剝奪了兒女的意志自由，並且使兒女因為父母在物質上給自己的滿足從而更加依賴父母。這樣的兒女，物質上驕橫，精神上脆弱且毫無獨立性。這種育兒方式，無非是另一種虐待：心理虐待。它同樣是兒女人生幸福的巨大障礙。

3、孝道的傳統縱容了「兒童虐待」

　　孝道雖然並非兒童虐待的根源（前面提到過兒童虐待在世界上的普遍存在），但孝道誇大了在兩代人中間父母的權力意志，

扭曲了人的愛孩子的天性，削弱了人對兒童天生的保護和同情心，使少數受到嚴重虐待的兒童得不到保護，也使多數人不自覺地把兒童看成「低等類」（所謂「孫子」），從而使兒童承受有意無意的人格踐踏。

再看小蘇麗的例子。其實在1991年蘇麗才3歲時，青海的「人民公安報」就報導了她被母親縫上嘴的事，但小蘇麗並沒有因此而得到社會的保護，她仍然被留在惡魔一般的母親手裡，被繼續折磨3年多而死亡。從這一點來看，不敢問罪父母的社會意識形態和製度，其實是這個惡母的同謀（註6）。

正是這個根深蒂固的「孝」的意識，使兒童虐待在中國幾千年歷史中漸漸成為習慣和自然。動物都知道要保護自己的幼子，可對中國人來說，「打孩子算個什麼？」當然，打孩子這個事實不能完全一概而論地都是虐待。打孩子也有原因及程度等等的不同，但是，孝道的存在，使那些自私的父母，真正虐待兒女的父母得不到應有的譴責和懲罰。所以，孝道雖然不是兒童虐待的直接原因，但它卻加強和鞏固了這一人性惡，使這一現像在中國普遍地存在了幾千年。

並且，由於孝道約束，很多中國人在成年後，在人生最有創造力，最輝煌的中年，一方面背負著心理創傷，另一方面還要滿足老了的父母的一切願望（有理的或無理的），從而無法實現自我理想。而更不幸的是，很多人在中年自己有了孩子之後，負擔

更為繁重，往往會情不自禁地把所有的壓抑發洩在孩子身上，導致兒童虐待的惡性循環。

中國人的習慣性道德思維導致一般人對老人的同情心遠遠大於兒童，因為中國人覺得兒童有未來，老人卻快要死了，所以很可憐。殊不知老年人遇到不孝兒女，不幸的只是人生的最後幾年，而被父母虐待的兒童可能為之而葬送的卻是一生的幸福。

4、孝道的倫理基礎：生命成為債務

為什麼孝道會在中國如此根深蒂固呢？我認為這是因為傳統的儒家思想成功地在中國人身上灌注了一個宗教一般的認識：我們的生命是父母給與的。而由於生命是人最寶貴的東西，所以兒女從一生下來，就欠了父母一輩子。由此，絕大多數中國人都有一個不加思考的認識：父母無論對兒女犯了什麼錯誤，兒女都仍然要孝順他們，要對他們感恩。

這，也是孝道得以確立的邏輯基礎。然而細查這個邏輯，其實是非常經不起理性的推敲的。先看生命的價值問題。雖然生命是寶貴的，但並不等於活著就是幸福。當然，能吃能喝能做愛，甚至高尚一點，能有精神創造，這些都得靠一個具體的肉體去完成。然而，任何事情都是辯證的。一個不難理解的道理：生命既可以是幸福的來源，也可以是痛苦的根源。人生除享樂外，還有

痛苦。不但有生老病死的肉體痛苦，還有精神上的各種痛苦。那麼，如果我們承認這個生命的雙重內涵，我們就不難懷疑甚至推翻這個傳統的人生觀：活著就是幸福。由此，給以生命這個事實就並非想像那麼偉大，父母的功績也就並非那麼「神聖」。

更不必提那些受到父母踐踏的生命。比如小蘇麗僅僅六年的生命，對她來說，還不如沒有。對小蘇麗的母親，我想，誰也不會說出「感恩」二字。

其次，生兒育女是父母的選擇，而不是兒女的選擇。兒女並沒有要求父母把他們生下來。所以兒女的生命，決不是父母可以向兒女「討債」的藉口。

再次，並且是最重要的一點：在父母給以兒女生命這一點上，**父母並不是我們生命的創造者**。生命，誠然是寶貴的，但生命不是父母的「創造」，而是神奇的大自然，或者說「上帝」（如果有上帝的話）的創造物。父母只不過完成了一個生命的生理功能而已。所以**父母和兒女是在任何方面都平等的個體**。西方基督教對人類的最大貢獻，除了對人性惡這一點上的正視之外，我認為還在於它把道德的評判權力交給了人之上的「神」。不管這個神存在與否，基督教至少在一定程度上保證了世俗社會中人之間的平等關係。

正因為父母和兒女是平等的，父母生育兒女之後對兒女的保護也就是天經地義的。父母為兒女犧牲自己是生命的天職，而

絕不是什麼「債務」。而父母在養育上的失職，才更是需要受到指責的道德罪過。所以西方有了兒童保護法，對父母嚴加「看管」。

5、孝道對人性異化

其實保護幼小的後代本來是動物都有的本性，「虎毒不食子」，這是不需要後天習得的功能。可曾幾何時，這個動物的屬性，卻在人類的一部分人中消失了，孝道，這個封建社會的道德基石，曾經給社會帶來穩定和進步，卻在歷史發展中成了人性異化的原因之一——讓人對自己的親生孩子都沒有真正的愛。

孝道在確立之後對人性的最大扭曲，就在於它把生兒育女這個生命的最基本的需要功利化了。「不孝有三，無後為大」，這個為了「孝」而生的動機，導致了千千萬萬在心理上毫不成熟的人不得不為自己的父母而生兒養女，導致了在養育過程中的負擔感，從而無法給孩子以他們需要的愛。由於沒有愛，虐待就更加難免。

如果生兒育女不是出於責任，而是出於選擇，出於自己的需要，情況就大大地不一樣。這樣的父母，首先不會覺得兒女是拖累（即使累，也不會有心理上的損失感：即兒女因此就欠了自己一輩子），其次父母由於有愛——這個天然的和兒女的感情聯

繫，兒女一般也會很自然地以愛來回報父母。而對父母來說，這個"愛"是比"孝順"更為牢固和豐厚的報酬。

所以，孝道看起來是人類文明的產物，其實卻是人類文明史上最可悲的「人性異化」產物。而中國人在被孝道洗腦幾千年後，需要從新認識到生兒育女是自己的責任，所以在心理和其他方面沒有準備成熟時，最好不要僅僅為了他人的需要——或者父母傳宗接代的需要，或者別人的眼光——而生孩子。

6、孝道與自私

對於很多中國人來說，「自私」與「自我」是個不太容易分得清的概念。很多中國人會認為西方人比中國人自私，因為西方人大多都很自我。但「自私」和「自我」其實有天壤之別。在我的「『自私』與『自我』」的短文中，我這樣寫道：

「自私」與「自我」都分享一個共同的特點：以自己為主，然而兩者在具體內容上卻有很大的不同：前者是為了物質上的佔有，後者是為了實現個人的精神價值……所以，自私和自我，字面上看似接近，本質上卻根本不同：自私是一種物化的佔有欲，……；自我，卻是一種富於個人意志的體現……

由此，我們不難看出，自私的人，是把「利益」看得高於一切，人的天良道德，都會在這個「利益」的概念下而屈居二位。

所以在和他人有利益衝突時力，他們不但力圖自保，甚至加害他人。力圖自保是可以理解的，屬於人的天性，但損人害己，則是人性惡之一。而我們中國人，在利益的得失上不愧為全世界最精於計算的民族之一。這一點，也許任何一個對中國國情了解的人都會多多少少地同意，例子也多，我就不多作贅述了。

這樣的自私和孝道有什麼關係呢？表面上好像沒有，但實際上有著非常內在的聯繫：孝道的核心就是維護家庭利益——一個家族在血緣上的傳種接代。這個家庭利益是高於一切。所以孝道的內涵其實是極度自私的，因為它不會擴展到家庭以外的範圍。由此在中國人的傳統意識中絕少有"正義"、"公德"及"公正"等等概念。道德與否基本以家庭利弊為準繩。

在孝道的影響下，中國人把孩子完全看成父母的私有財產，所以對之甚至有生殺大權，「父要子死，子不得不死」，就是這種理念的「口號」。這種認識的後果，自然就導致兒童虐待的盛行，因為家長是家庭裡的最高「統治者」，他們所做的任何不公平之事，在旁觀者的眼裡都是他們的「內政」，與旁人毫無關係。就像小蘇麗的案子一樣，很多鄰居都曾做過努力勸阻，但沒有一個人能夠作出「超越傳統」的事，比如把小蘇麗從她母親身邊救出來。之所以這樣，就是因為這些人還是認為，無論如何，小蘇麗屬於她的母親！

孝道提倡愛護晚輩，對老年人尊重，聽起來很道德，但就是

在這個問題上，也是嚴格地建立在血緣關係的基礎上，所以是嚴格地限制在家庭之中的自私「道德」。中國的老年人遇到「不孝之子」時，一般也是很可憐的，因為旁人絕少去關心一個和自己沒有血緣關係的老年人，因為那不是他們的「責任」。

這就是孝道下的自私。孝道提倡的一切，都是以家庭為界限。在這個家庭中，任何不符合家庭利益的或家長意志的思想和行為，都會在孝道的觀念下被廢棄。孝道，就是這樣把道德「機械化」，功利化，自私化，讓人對自己家庭以外的「惡」視而不見，讓中國人在整體上成為這個世界上最自私的民族之一。

7、推翻孝道 —— 恢復人之本性

生兒育女本身是人的天性，是動物都能做到的事。既然如此，就不是什麼值得千歌萬頌的奇蹟；生兒育女更是父母的選擇。既然是父母的選擇，撫養兒女，就是父母起碼的責任，不是什麼要兒女回報的恩德（而只要是真愛，真心的付出，作為父母也應該知道，絕大多數的情況下兒女都會回報的），而兒女的健康成長本身就是父母的最大報酬。

當然，另一方面我決不是說兒女就可以由此向父母們索取他們需要的一切。人生的幸福還有很多其他因素。但是，愛，這個動物都具備的天性，卻是做父母的最起碼的「職業道德」。我

寫本文的目的，並不是說只要不虐待兒童，父母就一定能培養出健康的兒女。人格健康也有遺傳因素，社會環境因素等等。在現代心理學，尤其是兒童心理學中，培養健康人格是其中心研究課題。如何當好父母，培養健康的兒童是一個非常複雜的和艱鉅的任務。所以，沒有培養出健康兒童，很多時候也不完全是因為父母的失職。然而無論如何，父母是在兒女的心理髮展中最重要的角色。寫此文的目的，是要想揭示一個事實：**在中國社會中存在著嚴重的兒童虐待的現象，而這個現象嚴重地影響著中國人的心理素質。**

如何改變這個現象呢？一方面，對於虐待兒童的現象，社會需要逐步建立完善的兒童保護法；另一方面，對於兒童虐待的犧牲者來說，他們應該勇於站出來維護自己的權利。據說中國已經有了兒童保護法。這無疑是一個巨大的進步。但我個人認為，不把"孝道"這個群體意識形態推翻，中國的家庭兒童虐待現像很難徹底根除。

是的，生命可以是美好的，同時也可以是很痛苦的。如果父母生下兒女然後又折磨虐待他們，這樣的生命，不如沒有；這樣的生育，無異於作惡。這樣的父母，受到的不應該是感激，而是譴責和懲罰。

對自己的施恩者感恩，是人性；而對自己的虐待者（包括父母）的感恩，是奴性。我們中國人的奴性，就是從家庭開始的

（參見「『孝』的『孫子』效應」）。我真心希望我們中國人有一天能徹底擺脫過時的甚至是罪惡的孝道，懂得「愛」的藝術，在兩代人之間建立真愛的關係，而不是，或者僅僅是血源的和責任的，甚至是奴性的關係。

　　救救孩子！
　　中國人，不要忘記小蘇麗！

2008/12/31初稿
2011/10/20定稿

註1：美國心理學協會（American Psychology Association）：
The**Child Abuse and Prevention Treatment Act** (CAPTA) defines child abuse and neglect or child maltreatment as:
Any recent act or failure to act on the part of a parent or caretaker, which results in death, serious physical or emotional harm, sexual abuse, or exploitation, or an act or failure to act which presents an

imminent risk of serious harm.

Neglect is a failure to meet the child's basic needs, eg, not providing enough food, shelter or basic supervision, necessary medical or mental health treatment, adequate education or emotional comfort.

Physical abuse refers to the injury of a child on purpose, eg, striking, kicking, beating, biting or any action that leads to physical injury.

Sexual abuse is the use, persuasion or forcing of a child to engage in sexual acts or imitation of such acts.

Emotional abuse: Almost all States, the District of Columbia, American Samoa, Guam, the Northern Mariana Islands, Puerto Rico, and the Virgin Islands include emotional maltreatment as part of their definitions of abuse or neglect.9 Approximately 32 States, the District of Columbia, the Northern Mariana Islands, and Puerto Rico provide specific definitions of emotional abuse or mental injury to a child.10 Typical language used in these definitions is 「injury to the psychological capacity or emotional stability of the child as evidenced by an observable or substantial change in behavior, emotional response, or cognition」 and injury as evidenced by 「anxiety, depression, withdrawal, or aggressive behavior.」 資料來源：http://www.apa.org/

註2：Child abuse in China: a yet-to-be-acknowledged 'social problem' in the Chinese Mainland（兒童虐待在中國：一個在中國大陸有待認識的社會問題）by Chan Yuk-chung：

There are at present no national statistics on child abuse in China, but some survey data will throw light on the problem. In 2001, a national survey of 3543 married people conducted by the China Law Society showed that 71.9% of the interviewees reported to have had the experience of being beaten by their parents during their childhood (Liu & Zhang 2002). In

Beijing, it has been found that 6 in 10 students had experienced physical punishment and disguised physical punishment from their teachers (Hao 1999). In a parallel study on primary students in China and Korea between 1998 and 1999, 70.6% of the Chines children had experienced family violence in the year

preceding the study and the rates of corporal punishment by teachers were 51.1%.

資料來源：http://www.acad.polyu.edu.hk/~ssycchan/Child%20

Abuse%20in%20China%201.pdf

註3：資料來源：http://pediatrics.about.com/od/childabuse/a/05_abuse_stats.htm

註4：資料來源：美國公安和犯罪心理日報（Journal of Police and Criminal Psychology, 2005, Volume 20, Number 1）
http://maamodt.asp.radford.edu/Research%20-%20Forensic/2005%2020-1-Mitchell-40——47.pdf

註5：美國心理學協會原文：

What are the consequences of child maltreatment?（兒童虐待會產生什麼樣的後果）

Child abuse and neglect can result in physical and psychological developmental delays. A neglectful mother may not feed her baby properly, which can slow brain development, or an emotionally abusive
father may damage his child's ability to form trusting relationships. Abused or neglected children can see the world as an unstable, frightening and dangerous place, which can undermine their sense of selfworth and their ability to cope with and adapt to their environments as they grow up. If unaddressed, maltreatment may contribute to later problems, such alcoholism/substance abuse, depression, domestic violence, multiple sexual partners and exposure to sexually transmitted diseases, suicidal thoughts and attempts.
資料來源：http://www.apa.org/pi/families/resources/child-abuse-article.pdf

註6：「燕志雲因3歲的女兒偷吃雞食而縫住女兒的嘴，這惡行一時轟動了青海高原，《人民公共安全專家報》、《青海日報》、《西寧晚報》都作了報導。人們紛紛譴責燕志雲。按理說，她應該有所醒悟，有所收斂，誰知兩年多來，她仍然慘絕人寰地虐待女兒，甚至更加變本加厲。」（資料來源：http://baike.baidu.com/view/1843271.htm）

2012年

三、自尊與自賤
——試析中國文化中的個體尊嚴缺失及其文化成因

　　如果從整體上比較中國人和西方人，排開種族、文化等等方面的差異，稍微敏感一點的人都不難看出，二者在氣質上也有較大的不同。這個不同大約主要體現在「自尊」這一點上。不能不說，相較於西方人，很多中國人少了些「自尊」。有人也許會簡單地把這個現象歸因於西方文化在世界上的領先地位，但我個人以為這是非常表面的原因。深層的原因，還應該從文化意識形態上去思考。而在做這個思考之前，首先得搞清楚「自尊」的概念。

1、什麼是自尊？

　　自尊牽涉到「自愛」。在詞彙的定義上，自愛和自尊雖然不完全一樣，但差別甚微。在英文中有「自愛」（self-love）、

「自信」（self-confidence）和「自尊」（self-esteem）等詞彙。本文中筆者主要討論「自尊」，因為「自尊」是「自愛」和「自信」的結果——因為愛自己和相信自己從而尊重自己。

自愛是自尊的基礎。在《童年與自愛》一文中我提到自愛之所以重要，是因為「愛」的重要。愛，是我們對生命之存在的肯定。有人愛自己，是對自己的生命價值的肯定，有更多的人愛自己，我們就能更多地體會到生命的意義。所以愛，是人生最值得追求的東西。但又由於他人之愛不具備自愛的恆定性，所以<u>自愛才是人生幸福的最大保障</u>。

如果把來自於他人的愛稱為「他愛」，自愛與他愛的最大區別就在於，自愛來自於我們自己，從而是自己能夠控制——或者說相對而言更容易控制的；而他愛來源於他人，從而是我們自己無法——或者很難控制的。他人對我們愛往往基於一些特定的條件，一旦這些條件不再存在，他愛也隨之而去。自愛由於受控與自己，所以一旦對自己樹立了無條件的愛，這個愛就是恆定的，永不會消失的。

一個愛自己的人是一定尊重自己的。根據這個邏輯我們可以給自尊作如下定義：<u>自尊就是一個人對自己的除了傷害他人品行以外的所有屬性</u>——<u>無論先天或後天的</u>——<u>肯定和尊重</u>。

一個自尊的人，首先肯定自己的天性——無論自己先天的條件如何都珍惜自己；其次，對自己的一切後天經歷也同樣珍惜，

無論自己的命運如何、境遇如何。自尊最大特點就是「無條件性」──對自己的無條件尊重。

人的天資各有差異，後天也是命運無常。我們可能生性開朗，也可能生性含蓄；我們可能生來聰明伶俐，也可能生來愚鈍；我們可能出生於名門，輕而易舉成為達官名流，也可能出生微寒，無條件讀書，作藍領工度日，然而，所有的這些先天條件和後天的客觀現實，都不是我們愛自己或者不愛自己的原因。由此，一個藍領工人在一個億萬富翁面前，絕不應該僅僅因為自己的社會地位而低下他同樣高貴的頭；反過來，一個社會地位很高的人，在社會地位相對低的人面前，也不能因為這個差異而踐踏後者的人格。這就是人格平等。

提到「自尊」，不得不提到「自我」。如果說自愛自尊的對像是我們的與生俱來的天性的話，這個內在的天性，就是我們的「自我」──一個完全區別於世界上任何其他人的獨立存在。過分膨脹的自我自然不值得推崇，因為它會傷害他人，危及社會，但作為具有獨立屬性的自我的存在卻很重要。這是因為，一個擁有自尊的人，不但能善待自己，讓自己保持和平的心態，還能懂得如何尊重他人。所以自尊還是健全社會的基礎因素之一。

健康的自我往往源於從家庭到學校的健全的培養。一般而言，在成長過程中受到良好的保護和支持的人，往往具備健康的自我；反之，則發展成為病態人格。具有病態人格的個體或是在

人際關係中過於壓制自己的需要，或者會突然膨脹，無端攻擊他人，成為社會的危害。

自我對於自尊的重要性還在於：一個自我被徹底抹殺了的人，是不會懂得自愛自尊的，因為<u>人不可能去愛一個不存在的東西</u>。

搞清楚了自尊的含義之後，不難看出，有自尊的人，就是有自我的並且尊重自我的人。在外表上，他們的行為舉止不以別人的態度而改變，所以顯得有人格尊嚴。而我們很多中國人恰恰不具備這個品格。中國人在為人處世中最強調的，恰恰是說話舉止分場合，所謂「見人說人話，見鬼說鬼話」。所以，在中國人這個群體中很難見到不卑不亢的自尊。

2、中國人缺乏自尊的表層原因

肯定了中國人這個群體的自尊的普遍缺失，接下來的問題是，為什麼我們中國人會普遍缺乏自尊呢？直接的或者說表層的原因我認為有兩個：家庭的和社會的。

1）家庭的原因——父母的壓制。在《童年與自愛》一文中，我著重提到父母愛對自愛的重要性，因為兩點：一是父母的愛是無條件的，所以是恆定的和安全的；二是因為生命之初的經歷往往會影響人的一生，所以童年得到父母真愛的人，往往一生

都會活得自信。而中國的父母，由於儒家文化的影響，在無條件地愛兒女這一點上做得非常差。中國父母大多過分要求兒女，而不懂得如何尊重兒女的自我意志。所以很多中國父母無從給兒女提供這樣一個無條件的愛。

如前面提到，人的天資各有差異，不能強求（其實即使強求也不一定就能如願）。然而中國父母，不管孩子的天資如何，幾乎都一定是高標準嚴要求，一心要把孩子「塑造」成「最佳」、「第一」，沒有這些「最佳」和「第一」，孩子們就得不到父母的愛。這就是「有條件的愛」。天資好的兒童，會比較幸運地滿足自己的父母，得到父母的認可，而天資差的，就會心靈受創。父母的高壓「政策」強迫他們和其他的更聰明的孩子攀比，做他們做不到的或者做起來很困難的事。雖然說適當的壓力是有好處的，但過分的壓力，會讓兒女從小就認識到自己的不足。這種不足感往往是自卑的種子。

對兒女的高要求，很多還來自於父母自私——把自己的不能成全的人生事業強加在兒女頭上，讓兒女來滿足自己的虛榮心，或者讓兒女去努力成就自己沒有成的願望。這樣的父母，打著「為了兒女好」的旗號，實際上是把兒女的自我意志徹底消滅，讓兒女不但不能成全自己的人生理想，還生來就欠了父母一輩子的「恩德」。在這種「愛」的培養下，兒女從一開始就是在為父母而活，是父母的附屬品。自我，根本毫無立足之地。

更不必提在中國很普遍的對兒女經常實行體罰的父母了，那更是不折不扣的兒童虐待了。在兒童期就受到這樣待遇的人，精神上完全不知道什麼是自我肯定，他們的一生都可能會掙扎在爭取他人的肯定的努力中。一旦自己做不好什麼事，即使別人不懲罰自己，自己也會懲罰自己，即「自殘」。

　　這種對兒女施加高壓的「父母愛」，導致了很多中國人成長後在事業上的極度攀比心，因為他們從小就認識到，只有做得比別人好，才能得到認可，才能得到愛。然而天資較差的這一部分人（可能還是很大一部分人），由於自己一生都不可能改變自己的天資，成全不了高於自己能力的願望，所以他們一生都生活在沒有自愛的荒漠之中。

　　2）社會的原因。中國傳統中極端抹煞自我的特點造就了一個無自我立足之地的社會，使中國人的自我在走出家庭後繼續受到摧殘。

　　雖然文明發展至今仍然處處都有等級的痕跡，但中國社會無疑是等級深嚴，歧視現象非常嚴重的社會之一。由儒家思想為主導的中國傳統文化，宣揚了幾千年的「三綱五常」，把中國人的人際關係納入了等級結構中，造就了一個沒有個體自由的「大一統」民族。

　　就像在中國的家庭中個體是家庭的附屬品一樣，在中國社會中，個人是社會的附屬品，個性是不允許存在的。我們從小屬於

父母，長大後屬於某個班級，某個學校，某個單位，更不必說，我們從生下來到死，一生都始終屬於一個民族：中華民族。我們所有的個體意志，都得順從這些集體的利益，否則，我們就面臨著被孤立，甚至被迫害的後果。

在新中國的毛時代，雖然共產主義的思想意識在表面上反封建，但就其消滅個體自由，把人劃歸於簡單的階級或階層的這個特點來講，實際上是和封建社會一脈相承（這也應該是為何共產主義總是在相對落後的社會中取得成功的原因）。所以當今中國社會中，傳統思想觀念仍然在人們的心目中佔據著統治地位，個體自由仍然沒有立足之地。

3、中國人缺乏自尊的深層原因

如果說前面所提及的家庭和社會的原因都還是「現象」的話，接下來我們就不得不追問：為什麼很多中國的父母如此對待兒女？為什麼中國傳統文化中幾乎從來都沒有出現過「自我」的觀念？尋找這些問題的答案，我認為可以從三方面去思考：1。中國人強烈的生存和競爭意識；2。中國人的生命觀；3。中國人的功利主義人生觀所導致的愛之缺失。

1）首先看強烈的生存和競爭意識。大約是中國人多，競爭大，中國人比別的民族更具有生存和競爭意識。所以中國父母在

養育孩子的過程中，目標非常明確，就是要在競爭中成為強者。這個看起來很有道理的「愛」，實際上是摧殘孩子的自愛自尊，也是父母對「生存能力」的最大誤解。

好多中國人總認為，活得最好的人，總是那些在社會上出人頭地的人。其實，這種思想是非常落後的原始意識。在人類競爭之初，人，作為個體或者群體（尤其是群體）的確必須要爭取到比別的個體和群體更有利的位置，才能生存下去，但人類歷史發展到今天，生存條件不再惡劣，世界上很多地區的大多數人只要不是好吃懶做，或者智障，都基本能做到衣食無憂。而作為個體的人，也已經從認知混沌的，依賴於群體而生存的狀態進化成有感情和獨立思維能力的複雜綜合體。所以人類社會基本已經從群體的殘酷競爭時期進化到追求個體幸福的時代。

現代心理學是從研究病態人格開始的，到現在重點開始轉向對研究健康人格的研究。這個健康人格，就是和功利性人格相抵觸的「自我實現」的人格。個體的幸福與否，就在於這個自我的實現與否。而自我實現的標準，並不取決於社會地位與財富的擁有程度，而是取決於個人生活的愉快和幸福程度。一個人只有在自我得到滿足的時候，才會有真正的快樂。所以一個自我被抹殺了的人，即使是億萬富翁，也不會得到真正的幸福。而一個自我得到充分發展的人，即使社會地位較低，也仍然能自得其樂。

如果以近代資本主義國家的歷史發展來作為近代文明的發

展的標準的話，當今世界的文明程度的標準，已經開始從經濟和科技的發達逐漸轉移到個人幸福的程度上了。從這個角度來看，在中國人中普遍存在的強烈競爭意識，實際上是意識落後的體現——中國人的整體意識形態，還停留在專注於對物質利益和其它的一些基本生存條件的你爭我奪的原始時期。

2）其次，中國人的生命觀。筆者認為中國人大多缺乏對生命的先天重要性的認識。孔子說「人之初，性本善」，但我發現好多中國人的普遍認識是「人之初，性本空」，即，人生下來都是張白紙，或者更糟糕，「人之初，性本惡」。由此中國人認為後天灌輸的越多，人就越聰明，以後的生活就會更成功，更幸福。

這個「性本空」或「性本惡」雖然是不成文的理論，但我們從現實生活和傳統文化中很多中國父母對兒童的態度就能知道它是實際存在的。很多中國人從來認為兒童是可以被忽略的對象，因為「小孩子是一張白紙，什麼都不懂」。中國傳統文化中對人的成就的肯定，也只注重於「師道尊嚴」和父母的培養，而不承認人或者不重視人的自身天性。

然而，現代心理學認識到，人，並不是生來一張白紙。我們先天的基因裡被注入了太多的信息（瑞士心理學家榮格把這個先天基因叫做集體潛意識，因為他認為這是我們所有前輩生命信息的積累）。只有在生命的最初階段保護、激發或引導這些信息，

生命才能最大限度地繼承我們的祖先基因，讓我們的先天才能得到最大程度的再生，生命的潛能也才能得到最大程度的實現。

　　喜歡種花種草的人都懂得植物的根和苗之重要。他們知道要讓一個植物健康地成長，一定不要過多地人為地撥弄泥土，傷害根部，也不能輕易地去傷害自然成長的幼苗。這個根和苗，就是植物的幼年和童年。懂得保護這個根和苗，後面的工作都很容易了。人，其實也一樣，懂得真愛的父母，就會保護這個根和苗，對自己孩子的凡是不涉及傷害他人行為和品格多加肯定，讓其自由發展，由此他們的天性才可能得到最好的生長。而中國文化的傳統太強調後天的教育，加上前面提到的競爭心態，導致大多數中國人在育人這個問題上只懂得拼命人為灌輸。中國的教育體制，也永遠是「填鴨式」的教育方式和內容。這種過分的高壓性的後天教育，實際上弄巧成拙地扭曲了或者抹殺了人的天性，使好多人的生命反而達不到應該達到的水準。

　　更糟糕的是那些認為「人之初性本惡」的父母們，認為小孩子一定要先「治理」或「馴服」，然後才可能「成才」、「成器」。這樣的養育，基本抹殺人性，後果非常嚴重。

　　3）最後，但絕不是最次要的，是愛的缺乏。如果說中國文化是缺乏愛的文化，我認為這個「愛」尤其是指父母愛。在中國父母對兒女的高壓的後面，其實並不是很多人相信的那樣是「愛」的驅使，而是好多中國人強烈的功利主義人生態度。

生兒育女，是愛的勞作，只有出於愛的需要而生兒育女的父母，才可能對孩子有真愛。但中國父母，很多都不是出於愛的需要，而是出於傳宗接代的需要，滿足他人（自己的父母，或者在別人眼裡顯得正常）的需要。「傳宗接代」本身就是一個功利為目的。出於這樣的動機，很多人在自己情感和心理沒有準備好時，甚至根本就不想要孩子的情況下，不得不生孩子。這樣，孩子生下來自然就成了負擔，養孩子自然就是「犧牲」。

當然有很多人會認為，天下父母都是愛兒女的。這些中國父母，並不是對孩子沒有愛，而是不懂得如何愛。我個人對這個觀點一直不認可，因為我認為，對於不懂得的東西，我們就不可能真正擁有。好比很多藝術的門外漢茫然地站在一幅名畫前，宣稱自己愛藝術，但就是不懂藝術，我相信誰也不會相信他的話。所以那些不懂得愛的父母，對孩子也就是沒有愛。也許他們後來有一天終於懂得了，那他們的愛，也只能從懂的那天算起，之前的仍然不能被叫做愛。並且，失去的很多都不可能再被彌補。

所以，雖然不愛自己的孩子在世界很多其他國家是少數，但在中國，由於以上的幾個原因，其實是一個相對普遍的現象。而這個普遍現象的結果，自然就是中國兒童得不到愛，從而不懂得自愛和自尊。

綜上所述，我們不難看出，中國的傳統思想意識才是中國人缺乏自尊的根源。由儒家思想為主導的中國傳統文化，決定了中

國人思想中根深蒂固的兩個概念：一是家庭血緣關係上的「傳宗接代」，二是國家民族上的「大一統」。「傳宗接代」的觀念導致了中國的以實用為目的的家庭關係，也導致了中國父母的極端的功利心；「大一統」觀念導致了一個沒有個體自由的社會。家庭和社會，兩者一前一後，把很多中國人的自我壓制在個人內心的最底層。

4、中國特色的「自賤文化」

由太多的不知自我為何物的個體組成的社會，不但個人自我失落，還在貶低自我這一點上走到了極端，製造出一套專門踐踏自我的特殊文化—「自賤」文化。可以說，刻意踐踏自我其實是中國幾千年文化不退的時尚。「小人」，「奴才」這些赤裸裸的自賤詞彙就不必說了，連在文化階層中的一些故作優雅的詞彙，「拙文」，「鄙人」，「拙作」，等等，也反映出很多中國人極度的自賤心態。

這個自賤到極端的現象，反過來又讓人對自己理該爭取的東西不敢爭取，一定要以「含蓄」的轉彎抹角的手段去獲得，而這個「含蓄」最終導致人和人之間的不坦誠甚至過度的猜忌。所以，在中國人的圈子中，說真話被當成愚蠢，說謊話反而成了「智慧」。這也是中國人如此普遍地推崇說謊，逐漸成為世界上

最不具備誠信的民族（之一）的原因。

　　另外，自我壓制還產生「副作用」：自我膨脹。由於中國文化對個體自我高壓，自我不是被徹底埋葬在心裡的最低層，就是尋機「報復」，在可能的時候大肆彌補一番。這就是「老子」與「孫子」的人格較量，從小就一直做「孫子」的人總得有機會作一番「老子」才可能心理平衡。所以中國社會，是一個老子與孫子不斷較量的社會，不是你踩我，就是我踩你。這也是魯迅的「弱者向更弱者抽刀」的內在心理原因。

　　在海外的中國人，可能很多時候都有一個體會，就是有些中國人專門找中國人來「整治」。這是因為好多有壓制心態的中國人，在需要打「翻身仗」的時候，找「洋人」是不可能的，因為「洋人」都有一份「尊嚴」，不太好惹，所以一看見中國人，心裡就知道彼此都是被「修理」過的，可以置彼此的人格於不顧。於是海外的中國人，就繼續發揚我們的「光榮」傳統，在自己的圈子裡展開你踩我我踩你的人格鬥爭。

5、結束語

　　前面提到，現代文明已經發展到以個人的幸福、個人尊嚴和人格平等為標誌的時候。如果比較一下各國文化，不難看出，越是先進的民族，越是懂得尊重個體自由，個體越是具備自尊；而

越是落後的民族，越是提倡為集體而犧牲個體利益，抹煞個人的自由，個體也越是沒有自尊。所以，反觀我們中國人的缺乏個體自尊的現象，不能不說我們中國人的普遍意識形態和現代文明之間還有很大的差距。而這個差距，決不是高樓大廈能夠彌補的。

2010

四、「兒童成人」與「成人兒童」
——試析兩種在中國人中普遍存在的病態人格

　　人的成長，大凡是從簡單到復雜，從被動到自主的一個發展過程。童年，是一個人的全新生命的開始，所以兒童都自然地興高采烈地接受這個世上的一切信息。童年也是人生最好奇的階段——任何一個發育正常的孩子，都會對很多在成人看來毫無意義的現象和事物驚嘆不已。所以有「兒童最熱愛生命」的說法（這個說法也或多或少地「印證」了「人之初，性本善」的倫理觀）。這就是兒童的「單純性」，或「純真性」。除了這個「單純性」以外，兒童的另一特徵是體現在肉體和精神兩方面的極度脆弱，即兒童的「脆弱性」，所以他們需要得到成人的保護。隨著人的成長，這個「簡單」漸漸地變得「複雜」起來，這個「脆弱」也漸漸變得堅強起來，由此個性逐漸成熟，最終成為一個獨立自主的個體。這大約就是人的成長規律。

　　順應這個自然性，人就會成長得健康，反之，就會出現扭曲

的人格。扭曲的人格（「病態心理」）是複雜的和多樣的，但本文將主要分析兩種我個人認為在中國人中普遍存在的情況：在不該複雜的時候（童年）複雜，在該獨立的時候（成年）不獨立，即「兒童成人」和「成人兒童」。

1、「兒童成人」

「兒童成人」就是指那些在兒童時期就因各種原因或多或少地稟賦了成人人格的兒童。這主要體現在兩方面：1，兒童的「脆弱性」受到破壞；2，兒童的「單純性」受到破壞。前者往往是因為一些特殊原因導致兒童從被保護的對像變成了責任的承擔者；後者是由於特殊的外界影響，兒童失去了本來的單純性，出現一些像成年人的複雜心態（註1）。一個兒童如果在二者中具備一點，就可以被稱為「兒童成人」，當然更不必說兩者都具備的了（並且這兩者也往往是攜手並行的）。

造就「兒童成人」的因素是多方面的。第一種「兒童成人」——兒童不得不承擔成人義務的情況，在經濟貧困的條件下出現的最多。很多家庭因為家境貧困而不得不讓未成年的孩子操持家務，甚至讓他們當童工以補充家庭收入。所以我認為這種「兒童成人」在全世界都能找到很多例子，尤其在經濟落後的國家中。第二種「兒童成人」——兒童稟賦成人的複雜心態的這一

情況，則不一定出現──或僅僅出現──在經濟境況窘迫的家庭中。因為，兒童的複雜心態並不只和物質條件有關，而是和他們所遇到的物質和精神環境的「複雜性」有關。我認為兒童的複雜心態多產生於在他們的基本慾望得不到滿足的時候。因為正是在這個時候，兒童對全新的世界的興奮感才遭受到打擊，大腦中才開始出現了「為什麼」的問題。當然，適當的合理的「壓制」，能夠讓兒童懂得一些責任感，懂得這個世界並不是萬事都能如願，但如果長期地壓制兒童的一切合理願望，兒童就會出現憂鬱情緒，並開始把心思用在如何尋找一種一方面能夠滿足自己的需要，另一方面又能不遭受懲罰的方式上。這就是複雜心態的開始。

第一種「兒童成人」在中國的存在不容分說地是很多的，他們主要存在於窮困家庭中。這樣的例子太多，就不一一細述了，因為本文著重強調的，還不是中國的這種很明顯的被經濟狀況所迫的「兒童成人」，而是那些生長在優裕的家境中看似健康卻其實心理複雜的「兒童成人」。

如果說很多中國父母和其他國家的父母一樣，有著對自己孩子的一份父母愛，但他們卻普遍有一個與眾不同的特點，即：自覺或不自覺地對孩子進行「高壓型」養育方式。這種方式具體地說，主要體現在一方面不滿足孩子的純真需要：比如無憂無慮地玩耍，遊戲等等，另一方面給孩子灌輸不符合他們年齡的技術和

知識。中國父母最在乎的，就是自己孩子如何提前地掌握超齡的技能和知識。本著把孩子培養成少年天才的目的，家長們你追我趕地剝奪孩子玩耍的時間，睡眠的時間，三五兩下就把孩子折騰成少年老成，成天哭喪著臉，看不到半點幸福感。如果說和其他國家的孩子作比較，在中國孩子中看到的笑臉相對很少，此話決不是主觀判斷，而是客觀事實。所以我認為我們中國存在著這個世界上最多的「兒童成人」：他們在人生中最需要快樂和輕鬆的時候，卻被強加了一份苦悶和沈重。

我把這個現象歸因於中國傳統對後天教育的過分注重。作為中國傳統思想主流的儒家文化，其育人之根本就在於「繼承」和「教訓」，因為儒家把古人（祖先）看成不可超越的膜拜對象。由此，「後天教育」基本成為中國人默認的唯一的育人方式（道家思想充滿靈氣，充滿對自然天性的尊崇，但是道家並沒有成為中國社會教育的主流思想）。**正是這種把人生的一切成功都看成後天教育的結果的認識，導致了中國人特有的「灌輸型」教育方式。**而灌輸型教育的後果，不但帶給孩子一份超出他們承受能力的沉重，還在另一方面抹煞了人性中最珍貴的那一部分——我們與生俱來的一些天性。而恰恰是這個天性，如直覺、激情等等，才是一個人在後天的生活中的精神健康和富於創造力的保障。所以我們中國從家庭到學校的高壓教育，其實是撿了芝麻丟了西瓜的弄巧成拙的方法，造就了一大批技術匠人，抹殺了人的創造

力，更使愁眉苦臉的「兒童成人」在中國人中比比皆是。

2、「成人兒童」

「成人兒童」自然和「兒童成人」剛好相反：是指一個成年人具備未成年人的品格。這體現在1，性格過分天真；2，性格的極其被動性——即缺乏自主的性格上。

本文一開始提到，人的生長，一是從簡單到復雜，二是從被動到主動的發展過程。如果前者（從簡單到復雜）出現障礙，會使一個成年人稟賦過分天真的性格。這其實沒有什麼不好，但可能會導致為人處世中的一些不利，因為世界是複雜的。而「成人兒童」的第二種，即在成長中「從被動到自主的」這個過程中出現障礙，則會使人遭受多種負面影響，導致人生的不完整。為什麼呢？

要回答這個問題，首先要搞清楚「自主」的重要性。「自主」，是指一個人在面對多種複雜現象的時候能做出自己的判斷，從而導致相應的選擇和行為。一個人在成長過程中，從不懂得如何選擇開始，到漸漸懂得如何自己作出判斷，做出自己的選擇，這個過程，就是人的成熟的過程。所以「自主」是人性成熟的最重要的標誌。

人對自主的需要，還在於人是思想動物這個事實。思想——

這個人區別於動物的最大特性，決定了我們在多種選擇面前必定有自己的判斷。所以有思想，就會有選擇；有選擇，才有自主；而有了自主，人才有自由。「自主」不但讓人最終成為獨立的人，還成為自由的人。所以不能感受「自主」的人，其實就是他人的奴隸，也就是沒有真正享受過生命的人。

正因為懂得選擇，成熟的人才懂得為自己的選擇負責。由此，越是自由的人，越有承擔責任的可能性（註2）。中國的俗語：「大丈夫敢做敢當」，就是這個意思。從這個意義上看，一個人做出錯誤的選擇（做錯事）並不可怕，可怕的事做錯了事而把責任推給別人。一個不能為自己行為負責的人，把所有的事——好事壞事——都推給別人的人，其實就是一個心理未成熟的人。這樣的人，不管他們的知識有多豐富，心態有多麼複雜，他們仍然是在人格成長中的不健康的「成人兒童」。

「成人兒童」存在於任何一個社會中，但在中國社會中，我認為是一個相對普遍的現象。前面分析的第一種「成人兒童」的類型——性格天真型，在中國並不普遍（中國社會恰恰是「複雜」的人太多），但第二種——缺乏自主的人格的「成人兒童」，卻非常普遍地存在著。之所以這樣，我認為是因為和前面分析「兒童成人」是一樣的原因：中國傳統式的「高壓灌輸型」的教育方式。這種育人方式，無視兒童的自主需要，一切都由家長和教師做主，不給兒童以選擇的機會，所以自然地，這些兒童

就漸漸養成了一切都是被動接受的習慣。

習慣形成之後，這些「成人兒童」一方面懶於思索，萬事不求勝解，另一方面，人生又有一種強烈的不滿足感：一種不能自主的受壓迫感。所以這樣的人往往最缺乏自信，因為他們永遠都覺得自己的生活是「被動」的。就拿很多中國人的例子來說，很多都有很好的學習才能，記憶能力也超強，成績全優，但一旦面臨多種選擇，就優柔寡斷，拿不出半點主意。所以，很多中國人不管有多高的學位，多少的財富，自信心仍然非常不足。

不自信的結果，還導致人在其他方面——諸如財富，地位等等——的貪婪。因為他們往往認為，自己的一切不幸福感都來源於這些外在因素，所以他們拼命地攀比著，追求著。然而人的自信是來自於自身，而不是外在條件，所以這樣的追求，因為不是「地方」，自然會如海水止渴，愈飲愈渴。

另外，從社會後果來看，正是這種的「成人兒童」的普遍存在，使中國人大多數只有充當「被別人領導」的料，任人宰割，使得中國社會在幾千年中都沖不出專制的牢籠。

3、高壓灌輸型教育方式之不合理性

一個個體對壓力的承受力，應該和年齡成正比，因為人隨著年齡的增長，生理上和心理上的能力也在增長（老年人的生理功

能衰退，導致生理承受能力的下降，但心理的能力應該是更成熟的）。所以一個健康個體的健康發展，其實就是一個承受能力從弱到強的發展過程。人的教育，只有順應這個自然過程，才能培養出健康的人。所以父母最重要的責任，首先就是保護孩子的純真和脆弱，盡量滿足孩子合理的需要，其次是在有機會時盡量給孩子以選擇的機會，以護持孩子的獨立意識的滋長。然而這兩個最重要的方面，中國式的父母都很失敗。中國式的父母，恰恰是一方面扼殺孩子的純真，另一方面不給孩子以選擇的機會，扼殺孩子的獨立自主意識。

中國的學校教育體制，也剛好體現在和前面提到的自然規律相反的方面，在兒童還很脆弱的時候，壓力很大（中小學的壓力），等兒童漸漸長大，讀到大學時，又一切都變得容易而輕鬆。這種和人的自然發展相對立的教育方式，和父母的家庭教育一起，一前一後，前呼後應，成功地在中國人中造就了大量的「兒童成人」和「成人兒童」。

4、「成人兒童」的大量存在造就了中國的病態社會

「兒童成人」與「成人兒童」兩者之間在很多情況下也相互關聯著：多數「成人兒童」都有這一番從小當「兒童成人」的經歷。比如邁克爾·傑克遜。他從小被迫承受了兒童不可能承受的

壓力，所以他在成人期就成了一個為所欲為的「大兒童」，以滿足自己對一份真正的童年的需要。中國人在成人中普遍存在的非自主性人格，更和「兒童成人」有著不可分割的聯繫。所以童年是一個人的一生中最重要的時段。

童年的不幸，必定影響著一個人一生的心理健康，因為童年的經歷對一個人的成長幾乎起著決定性的作用。而太多的病態成人，又直接影響著一個社會的健康。所以大量的「兒童成人」必然導致大量的「成人兒童」，而大量的「成人兒童」必然導致病態的社會。

當然，大多數生活在其中的人可能並不覺得這個社會有什麼不健康，因為當太多的「成人兒童」成為社會的「主流」，「病態」就成了「正常」。所以在中國社會中，從古到今都大家都習慣了一種「正常」的文化現象——病態文藝：傷痕累累的文學，哀傷凄楚的藝術，更不必提凄凄慘慘的詩詞歌賦。唱「哀」唱「衰」幾乎是音樂的唯一功用。當代的流行歌曲，也充滿了失戀，苦戀，失落感等等不健康的內容。

正是由於好多中國人從小就習慣了「被壓迫」，「被剝奪」，他們才如此強烈地感受到自己的無能為力，感受到人生的無奈，才如此認可社會的不公。民主在中國的遲遲不行，表層的原因自然是「制度」，但深層的的原因還在於人口的「質量」：中國人口中大量的「成人兒童」，他們缺乏自主和承擔責任的能

力。所以，兒童教育，這個看似很小的問題，其實是中國社會一切問題的病根。中國社會，只有在改變了從家庭到學校的傳統教育方式之後，才能培養健康人，才可最終有健康的社會出現。

2011年

註1：當然不是所有的體現在兒童身上的成人復雜性都是消極的。有些「小大人」也很可愛，就像有些具備兒童的單純性的成人也很難得一樣）。
註2：弗洛姆認為人有逃避自由的潛在心理動機，因為承擔責任的可能性是在自由的情況下才出現。參見佛洛姆《逃避自由》。

五、中國人，永遠的「受害者」
——兼談「選擇」與「責任」

　　中國有句俗話：人怕出名豬怕壯。何以如此？因為一旦有人出頭，其他人都會迫不及待地把一切責任推在這個人肩上。一個人今天為好事出名，明天就會為壞事負責，從而遭殃。所以多數中國人最願意做的就是無名小卒，這樣雖然一輩子不出名，但也可以做事不負責任。這樣的心態，導致在中國人中的一個普遍認識，中國承受過的一切人為災難，都是某個暴君的錯，或者制度的錯，或者政府，「黨」和「主義」的錯，而個體永遠是受害者。

　　首先我絕不是說暴君或製度等等沒有錯。一個國家的進步與落後，當權者和製度的責任絕對是首要的。然而，把一切原因都歸於當權者和製度，似乎並不能解釋現實的複雜性，並不能給現實中一切現象提供答案。比如文革中，那些「積極」而「活躍」的紅衛兵的後面並沒有一個「黨」拿著槍指著他們的腦袋逼著他們去打砸搶；南京大屠殺中日本軍人的瘋狂背後，也沒有什

麼軍令逼著他們一定要殺多少中國人。事實上，在二戰中也有少數軍人選擇放空槍，在文革中，也有少數人紅衛兵選擇不參與。所以，在人類大災難中，很多情況下都往往是具體的個人**選擇**了「瘋狂」。

英文中的一句俗語：「人生就是選擇」（Life is about choices）。這句話雖然是句流行的口語，卻反映了一種在西方非常普及的人生觀：人要為自己的選擇負責。因為既然自己做的事是自己的選擇，所以其後果就一定是自己的責任。只有不會做出選擇的人，才是可以不負責任的人。然而不會自己做出選擇的情況基本上只局限在兒童和智障者中。一個初生的幼兒，面對火坑都不會選擇迴避；而一個大腦殘疾的人，不可能具備理性思考的能力，從而更不可能對事物作出正常的判斷和選擇。所以，唯一可以「逃離」責任的，就是兒童和精神病人（法律對兒童和精神病人的特殊處理，就是基於對這一常識現象的理解）。懂得這個道理，我們就應該不難看出，幾乎所有的成人，由於有一個可以思考的大腦，都一定有選擇的可能性存在，除了在非常極端的情況下以外（比如生與死的兩難處境，或者酷刑下等）。由此，<u>個體為自己的行為負責是一個不可逃避的客觀事實</u>。

再回過頭來看文革。毛澤東和共產黨政府自然要對「文革」的發生負100%的責任，而那些親自動手打人殺人的人，雖然他們不必對文革的政策負責，但對他們惡行的直接承受者仍然負有

最直接的責任。遺憾的是，多數中國人總是認定一切都是製度，政府和「主義」的錯誤。不但在「文革」這種非常時期的個體行為，就是在現在的「和平」時期出現的很多「咄咄怪事」——比如某個小孩被汽車碾過而無人問津等等，都可以在製度那裡找到為當事人開脫罪行的藉口。

選擇，不但是成人的需要，還是成人的標誌。如果一個成年人說，「我當時不知道為什麼這麼做」，或者「大家都這麼做，所以我就這麼做」，這無異於說，「我是個沒有思考能力的人」。所以一個不懂得選擇的人，一個不為自己行為負責的人是沒有長大的人，或者說是不成熟的人。在心理學中，這種人被叫做「成人兒童」（Adult children）。從這個理解來看，中國人普遍對個體責任的認識之極端薄弱的現象，其實就反映出一個潛在的事實：中國人的整體人格還處於「兒童」時期，處於不成熟狀態。也正因為這個整體的心理「不成熟」狀態，導致中國人一再二三地被統治者「利用」，一而再再而三地成為永不翻身「受害者」。

那麼為什麼中國人如此不懂得自我選擇的重要，如此缺乏個體的責任感呢？在此我又要歸因於傳統文化，歸因於孝道，歸因於在孝道的保護下普遍存在的兒童虐待（雖然原因還可以追究得更深更遠）：一個從小就沒有被給與選擇的人，很難在長成人後懂得如何「自主地」選擇；一個從小就萬事被父母強加於己，習

慣了「聽從」的兒童，很容易在成人後承受一種長期的「被壓迫感」，覺得自己永遠不可能有選擇的自由，自己永遠都是苦難命運的「承受者」，而不是命運的「操縱者」。這樣的人，即使再有機會做出自己選擇的時候，不是做出錯誤的選擇，就是在錯誤的選擇後沒有勇氣承擔責任。

更不必說，由於人的心理平衡的需要，在社會大亂之時，好多長期的受壓抑者可以乘機發洩一把，把自己的被壓抑情緒傾瀉與弱勢頭上。所以在亂世之中，這種從小沒有「做主」的機會的人，從小自己的自我需要就被徹底剝奪了的人，最能做出極端的選擇，導致瘋狂的行為，把自己被剝奪的權力從無辜的弱勢者中奪回來。並且，最「合算」的是，這樣的事做完之後，還可以繼續把自己打扮成「受害者」，不受任何懲罰，甚至不受良心的懲罰。

中國的「成人兒童」心態，由於傳統意識的長期存在（孝道）而長期壟斷中國大部分人的意識。這樣的民族，好事壞事都是「皇恩」「黨恩」「父母恩」，壞事都是源於「暴君」「政府」和「制度」。所以筆者認為，如果不改變傳統意識，改變對兒童的教育態度，培養有獨立思考能力的個體，把「思考」、「選擇」和「責任」的權力從當權者那里奪回來，中國人（作為整體）將永遠是「受害者」，永遠只配做當權者的奴隸。

2011年

六、在怯場的背後
——也說在中國人中普遍存在的心理疾病及成因

　　在海外讀過書的人都知道，「洋學堂」與中國傳統課堂的最大區別，就是師生關係的平等，學生的言論自由。然而，在課堂裡享受這一平等和自由的，卻幾乎清一色地是西方人，東方人是幾乎是絕對不開口提問的。一到了作口頭報告的時候，東方同學們（本人也在內）更是如臨大敵。十有九個亞洲同學在要作報告時都會緊張的不知所以。

　　記得一次我們的英語老師上課前拿起一根棒球棒把同學們趕到地下室，先扯開嗓子「嚎叫」一聲，然後要我們每一個同學模仿她，「威脅」著說如果誰不干就要打誰。幾秒鐘後沒人反應，相對似乎比較有「領導才能」的我，終於迫於責任感而大叫了一聲，但覺得很不像自己，很尷尬。不過老師還是給以嘉獎。然後她說，在美國，你們不說話，沒有人替你們說話，沒有人會知道你們，也沒有人會在乎你們。當時，她的口氣似乎很沉重。

多年之後想起此事，感慨萬千。在美國，不會說話，吃虧太大。老師的箴言句句為實。很多中國人，很有才能，卻永遠在工作單位得不到提升。可以說，怯場，或者不敢表達自己，是中國人（包括亞洲其他國家的人）的通病，也是事業成功的最大障礙之一。

為什麼我們中國人會有如此多的人怯場？是先天的民族特點？還是文化環境對個人的影響？學過心理學的人都知道，人的行為和思想是最複雜的科學研究對象。雖然早在古希臘時期心理學就開始萌芽，可直到今天，在心理學已經發展得相對成熟之後，科學家們仍然發現人類目前對自己的心理了解得非常之少。所以，要完全地回答這個問題決不是我的能力所及，本文只想就自己對心理學和中國文化的了解，以及自己的經歷，在一定的程度和範圍內作一些探討。

根據心理學的定義，怯場，是對公共演講的恐懼。它是眾多的心理恐懼症（焦慮症）之一。其症狀簡單地講主要有三點：

1、在要演講之前（甚至在想像要演講之前）的極度焦慮和恐慌；

2、採取各種手段迴避引起集體注意力的場合；

3、在演講之前出現具體的生理反應：如出汗，心跳加快，腸胃不適，等等。

輕微的怯場非常普遍，比如在演講之前感到緊張情緒，但在

做好充分準備之後能應付自如的，或者在說了幾句話以後就能控制住自己的緊張情緒的，應該屬於正常範圍，談不上病症。這樣輕度的心理反應，隨著生活閱歷的豐富就會自然消除。而本文所說的，是那種非常嚴重的，在有了豐富的工作和生活經歷之後仍然沒有被克服的心理障礙。

公共演講恐懼症（焦慮症）屬於各種恐懼症的一種，也是最普遍的一種。據美國國家（以及國際）心理健康協會的統計，受公共演講恐懼症影響（不同程度）的比例佔總人數的75%。在最普遍的十種恐懼症中，對演講的恐懼首當其衝，被列在第一，勝過了對死亡的恐懼*！

不過，雖然有這樣的統計數字，從我個人的經歷來說，美國人的演說才能是大大地超過了中國人。在美國的華人，可能很多都有這樣的體會，美國人太會演講了。隨便找個貧民窟的人，都可以在新聞採訪的話筒面前滔滔不絕！從我個人的經歷來說，從學校到公司，我至今沒有在生活中見過怯場的美國人，只有偶爾在電視裡見到幾次。由此我們可以推斷，在我們中國人中怯場（不同程度）的比例應該大大地超過75%！

然而我們中國人似乎還沒有正面地對待過這個普遍存在的心理疾病，而是將之簡單地歸於一個天生的性格特徵：羞怯，從而不了了之。而且，中國社會一般不太鼓勵個人表現，集體場合都有領導們霸占了，所以很多怯場的人都有機會掩蓋自己的病症。

而在美國和其他西方國家，由於對個體的重視，導致幾乎任何職業都有表現個人的場合，於是中國人的這一普遍心理弱勢日益顯示出來。

　　在美國的中國人，多半從事技術行業，或者獨立經商，進入領導行業的少之又少。而美國人一般都不作具體的技術工作。比如在IT行業中，具體作技術工作的都基本上是中國人和印度人。為什麼？美國人不夠聰明？我不這樣認為。我看到的是，美國人普遍稟賦演講才能，導致他們輕而易舉地佔據了領導位置。既然能夠憑三寸不爛之舌輕而易舉地掙更多的錢，為何還要去下「笨功夫」做技術性的工作？以前在網上見過一篇文章，美國人做父母最擔心自己孩子的問題不是功課不好，而是朋友的缺乏。據那篇文章的作者分析，在以後的社會，任何一種實際的技術性工作——不論電腦，醫學甚至法律——都不過是「體力勞動」而已，真正的「腦力勞動」是社交——與人打交道，作人事管理。所以，很多美國人——包括那些被陳為「頭髮顏色越淺智商越低」的金髮女郎——幾乎都選擇作管理，尤其人事工作。

　　當然，人各有志。不喜歡與人打交道並不為過。可是，怯場，卻是一種心理不健康的體現。它能阻礙一個人發揮自己的全部才能。比如好多在公司里工作的中國人，正是由於怯場，不善於表現自己，給人一種不合群的印象，於是工作多年也仍然不得不停留在「手工勞作」的狀態，職位的不到提升。再如在美國電

視新聞上，你可以看到白人、黑人、甚至墨西哥人的聲音，但你卻聽不到華人（包括其他亞洲國家的人）的聲音。這種不參與的精神，讓中國人，中國文化一直不能得到太多的理解和認識，並且也是中國人很難打入美國的主流社會的最主要的原因。

對於怯場的成因，心理學的各個流派也有不同認識。生理心理學強調先天遺傳因素，發展和認知心理學相對強調後天的影響。當然各個流派都公認的是兩者的因素都有。怯場性格的最早跡像出現在兒童期，而其形成是在青春期。成因當然是多重的。除了先天因素以外，後天的因素也是多種。比如被同學同伴嘲笑過，覺得難堪，於是從此開始迴避當眾說話，久而久之就不再有勇氣當眾說話。另外，心理學家們發現，怯場的人大多都是完美主義者。這些完美主義者往往都有高標準高要求的父母。這些人因為有一定要做得完美，否則就一錢不值的心態，所以上台後心理壓力就特別的大。這一點很符合我們中國人的情況。家庭中中國父母都一般都對自己的孩子採取高壓。學校裡，中國式教育也一向推崇「不鳴則已，一鳴驚人」的行為，導致學生在課堂上從不敢發言。當然，每個怯場者都有自己不同於他人的獨特原因，但我個人認為，中國人普遍怯場的現象和中國社會從家庭到學校的普遍壓制個人表現的社會現實有很大關係。

怯場的人的最大的特點，就是不敢成為自己。其實，很多怯場的人非常聰明，「會上」不說，「會下」說得頭頭是道。要

是在「會上」他們能像在「會下」一樣地「雄辯」，一切問題都沒有了。可是，一到了「會上」，他們就覺得一定要成為一個什麼樣子——明星或名家的樣子——大腦所專注的，就從演講的內容轉到了自己的表現上去，擔憂自己的一舉一動是否得體，擔憂別人如何評價自己的一舉一動，從而無法流暢地表述該表述的內容。由此可見，阻礙他們成為自己的，就是一種不自信的心理狀態：認為自己要是呈現自己的本來面目，一定是非常不能被人接受的。這在中國的社會環境中不幸地是事實。即：社會整體不接受個體的特殊性。

中國是個體主義被長期壓制的國度。從封建主義到共產主義，這個表面上大相徑庭的意識形態，實際上是一脈相承的集體主義意識形態。這種集體主義的社會結構導致個體的特殊性得不到承認。不但得不到承認，還被壓制。從最小的集體單位——家庭，到學校和社會，個體，都不得不掙扎在如何被他人承認的困境中。在家庭裡，我們要力爭贏得家長的認可。發表意見觀點是大人的事，小孩子是不被鼓勵表達自己的觀點的；在學校，除了固定的幾個學生代表有機會發言，其餘的同學們都不過是啞巴。在社會中，我們很多中國人也極度重視他人對自己的看法，幾乎任何事，成就，都有做給人看的動機。這種活在他人眼裡的社會風氣，導致了人對自己的真實價值產生懷疑，也導致了很多人一種根深蒂固的觀念：自己的本來面目是拿不出手的。所以一到了

台上，他們就力圖扮演他人。然而畢竟不是每個人都有演戲的才能。少數會演的，在台上大獲成功，成了充斥在新聞界、表演界和政界的各色人物，而不成功的，則只有閉上嘴，在旁邊觀戲，作沉默而安全的大多數。

怯場，其實只是個表面現象，這個現實真正導致的，是個體內在自信的喪失。從怯場者不敢成為自己這一點來看，自信的缺失，或者說自卑，是怯場者的最大心理原因。我們很多中國人認為，一個人之所以自信，是因為他／她的一些能為別人首肯的特徵：地位，學識，才能，容貌，種族等等。當自己擁有這些屬性時，他們就顯得很自信，而失去這些屬性之後，自信也就隨之而去。其實，這樣的自信是表面的，也是虛假的。真正的自信，是建立在自愛上面。自愛，就是對自己無條件地接受：不管自己是什麼人種，地位，不管自己的相貌如何，才能如何，都能接受自己，並愛自己。有了充分的自愛，人不會太在乎別人如何評價，心靈才得到自由，人生才開始真正瀟灑起來。

在英語中，Self-esteem是一個包含了自信，自愛和自尊的詞。在心理學對人生的幸福的研究中，這個Self-esteem是最重要的。財富，地位等等外在因素都不可能保障人生幸福，而自愛，自信，這個Self-esteem，卻能使人在任何條件下——除了非常極端的情況之外——保持自己的心靈的平靜。幾乎任何一種焦慮症，都是這個Self-esteem的缺乏所致。

自愛的形成，和兒童期的培養關係最大。一個人對「自我」的認識最早就是從父母那裡得來的。如果父母對自己的孩子缺乏愛，孩子是會有感應的。如果把人生比作建築，父母的愛就是基礎。這個愛，絕不是所謂的良好的教育，優裕的經濟條件，而是一種對孩子的生命的充分肯定。在美國很少看到美國父母因為孩子的成績不好而訓斥他們。一般而言，只要孩子們盡了自己的努力，父母都給與表揚。這樣的父母，大約都懂得一個基本的人生道理：無論孩子的智力如何，他們都是一個值得尊重的生命的奇蹟。而中國的很多父母一般會不自覺地給自己的孩子施壓，生怕他們不如別人，看不到自己孩子的獨特的個性，從而讓孩子感到自己不是個「東西」。這樣的結果，孩子的自卑感就會與日俱增，再加上社會的影響，漸漸形成各種社交障礙症，導致心理的極度不健康。

　　當然，一個建築如果基礎不好，就可能要徹底倒塌，而人，卻有一個比建築優越的特點：可塑性。怯場，從眾多的心理學研究和試驗結果來看，是能改變的。如何幫助患者克服焦慮症，從而完全地享受人生，是現代健康心理學家們的主要任務。另一方面，由於怯場者的自卑感是在兒童期就形成的，要改變它當然也不是容易的事。所謂「江山易改，本性難移」。目前，認知心理學走在前列，對焦慮症的診斷和治療做了很多有效的努力。這些心理學家們很多自己都曾經是焦慮症患者，所以對這個疾病認識

更深刻，治療的手段更有效。

　　對已經有了焦慮症的人來說，積極尋找職業幫助，或者自己積極地閱讀有關書籍，都能或多或少地改變自己，讓生活變得美好。而本文更想要表達的，是想提醒現在的家長們：對我們已有的傳統價值觀念——如孝文化等等——不能不加思考地「繼承」。在對兒童的教育上，多多地吸取西方科學，尤其是兒童心理學，對下一代的幸福至關重要。

　　從中國人非常普遍的演講障礙來看，不管中國人自己認不認可，根據心理學的標準，有很大部分的人都處在嚴重的精神亞健康狀態。這種大規模的心理弱勢，不能不讓人追究到傳統文化中去。從我個人的觀察，幾乎所有「孝文化」發達的國家，怯場的人都很多。在和西方人比較之後，我認為從群體的意義上看，中國人——包括整個受儒家文化影響的亞洲人——所缺乏的，不是技術，學位，金錢，而是自愛和自尊。所以，在中國已經不缺高樓大廈，很多人已經不再缺金錢之際，如何在這片從來不給個體賦予價值和尊嚴的土地上，樹立個人的自愛和自信，將是重建中國人形象的最緊要的任務。

*參見

http://en.wikipedia.org/wiki/Public_speaking_anxiety

http://www.speech-topics-help.com/fear-of-public-speaking-statistics.html

參見書目：

Feeling Good,David Burn；

When Panic Attacks,David Burn；

In the Sportlight, Janet Esposito；

十中最常見的心理恐怖症：

1. Fear of public speaking（Glossophobia）恐懼公共演講

2. Fear of death（Necrophobia）恐懼死亡

3. Fear of spiders（Arachnophobia）恐懼蜘蛛

4. Fear of darkness（Achluophobia, Scotophobia or Myctophobia）恐懼黑暗

5. Fear of heights（Acrophobia）恐高症

6. Fear of people or social situations（Sociophobia）恐懼社交場合或者人多的場合

7. Fear of flying（Aerophobia）恐懼飛行

8. Fear of open spaces（Agoraphobia）恐懼空曠地帶

9. Fear of thunder and lightning（Brontophobia）恐懼雷電

10. Fear of confined spaces（Claustrophobia）恐懼封閉的和有限的空間1

2009年

七、個體的尊嚴與集體的榮譽
──試析「愛國者」的心態

我們中國人中有很多所謂的「愛國者」，他們往往非常忌恨別人提到中華民族的缺點：西方人說中國不好是種族歧視，中國人說中國人不好是漢奸。其實，評論一個國家或民族的落後與先進，不過是一種觀點而已，是可以拿出來進行交流和思考的題目，作為聽者，應該冷靜地去分析這觀點的合理或者非理性，而不是跳過觀點去追究言者的動機，把「人身攻擊」的方法用在思想交流上。但現實中很多中國人就是無法控制自己的「愛國熱情」，在對中國文化的進步與落後，中華民族在整體上的與其它民族相比較之後的「優劣」等問題上大動肝火，顯示出極不理性的脆弱心態。

為什麼這些「愛國者」們如此容易「激動」？難道這種「民族」和「國家」的榮譽絲毫不能「玷污」的觀念，就是所謂的「愛國熱情」，或者「赤子之心」麼？

仔細分析這個問題，我發現，當這些人氣急敗壞時，並非是

因為「國家」這個「名」受到「玷污」，而是因為他們的作為個體的人格受到了傷害，即個人尊嚴受到了傷害。換言之，這種所謂的「愛國者」，是把自己個人的尊嚴，完全地建立在「國家」或者「民族」的榮譽上面。所以，當這些集體的名譽受損失時，他們自己便覺得臉上無光了。這正如魯迅先生說的，「中國人向來沒有個人的『自大』，而只有集體的自大」。

為什麼我們中國有這麼多人缺乏個人的尊嚴，卻又同時那麼顧及集體的尊嚴呢？我的答案是，缺乏個人的尊嚴，是個性受了壓抑的緣故；而過分地顧及集體的尊嚴，則是人在個性被壓抑後所作的心理補償。

翻開中國文化的歷史，按魯迅的話說，通篇都是「吃人」二字。「吃人」的「人」，我的理解，就是作為「個體」的具有個性的人。中國人講了兩千年的「君臣父子」，最後到了共產主義時代，又講究階級鬥爭，都是在完全排除人的個性的基礎上的對人做的簡單群體分類──把每個「個體」定位在一個特定的社會位置上，歸屬於一個群體（這就是為什麼共產主義和孔孟之道其實有著一脈相承的內在特性：人格的群體歸類法）。於是，人都不再屬於自己，而是屬於他人，或集體，而作為「個體」的人，就被淹沒在這個集體的「類」中，被「集體」「吃」掉了。

例如，你是張三，但你更是一個臣民，你有你的想法，但更重要的是你的想法符不符合君主的意志。你是李四，但你更是

個父親的兒子，雖然你有你的宏圖，但「父母在，不遠行」，所以你更應該首先在家做個好兒子，為父母的利益而犧牲自己的需要。皇帝要砍你的頭了，那是恩典，你一定還要謝恩；父母打傷了你，你還得把那切膚之疼痛幻想成「愛」。你想有知識嗎？對不起，「革命」需要你去鄉下去挑大糞。於是很多中國人的個性，就是這樣被壓抑了。當他們想做什麼的時候，有激情，有衝動的時候，都被他人的（君王，父母，等等）的意志給壓下去了。這樣導致的結果，使好多中國人的自我被壓縮到最小甚至「無」的狀態，個人意志被「磨練」得只剩下對他人的馴服，完全沒有作為個體的自信和自尊。

本來每個人都是一個獨立的個體，都有作為個體的「人」所具備的一切屬性：七情六欲，思考的功能和尊嚴的需要。如果這些需要沒有被滿足，結果就一定是導致心理的壓抑。所以不能不說，大多數在傳統的集體主義的文化養育下的中國人都難免是「個體」受了壓抑的人。

個體受了壓抑，自然就要找機會宣洩或者爆發，然而，多數中國人卻並不對壓抑了他們的那些人和思想（比如父母，或者「父母官」，儒家文化，或者共產主義）作任何反抗。為什麼？因為傳統（或現代）意識在壓抑人的同時又給了人麻醉劑，使人受的壓抑變成有條件的犧牲。這些條件就是集體的榮譽：如家庭的名譽，國家的榮譽，或者民族的尊嚴，等等。所以被皇上砍了

頭，被父母教訓和體罰，都不是白白的付出。中國人的個體的自我犧牲，換來的是「集體的榮譽」——一個更大的「光榮」。雖然我們自己吃不飽，穿不暖，精神上不能自主，但一想父母的首肯，想到資本主義國家的受剝削的童工，想到作為一個有幾千年博大精深又燦爛的文化，想到走出國門後在外國人面前高揚起頭的作為「中國人」的驕傲，肉體和精神上的飢餓感便一揮而去，自我犧牲也就成了理所當然的了。就這樣，壓迫者（如君王，父母等）的榮譽（或者說虛榮），便理所當然地成了被壓迫者自己的榮譽。

當人不自覺地把個體的尊嚴需要建立在國家的尊嚴上時，他們就變得對自己殘酷起來，對代表國家「尊嚴」的統治者寬容起來，而對那些「攻擊」國家民族的，或者「玷污」傳統文化的，甚至對那些敢於反抗統治者的人也痛恨起來。這就是為什麼好多人總是對朝廷或政府充滿感恩戴德之情，而對中國文化和民族的反省者總是破口大罵的原因。這也說明了為什麼魯迅這樣的對中國文化無情的解剖者永遠無法得到大多數中國人的「歡心」。

相對於中國文化，西方文化更講究尊重個體，崇尚個性自由，所以普遍的來說，西方人比中國人更具備個體的自信。從個體精神上比較，西方人多為我行我素，而中國人則多為瞻前顧後。這種明顯的對比，使很多出了國門本以為可以「驕傲」一番的中國人大為失望，作為個體的頭，怎麼也高揚不起來，於是自

尊損失後的個體就只有回到「民族大業」中去尋求「滋補」。這就是為什麼好多出了國門的中國人比在國內的中國人更具備狂熱的「愛國熱情」。

這種脆弱的個體對集體的過分依賴，造成的是這樣的惡性循環：在越是壓抑個性的民族和團體中，個體越是顯得渺小，而越是渺小的個體又越寄希望於集體的強大，從而個體也就越來越願意犧牲自己的意志而順從集體的利益。這就是「愛國者」的心理狀態。這是一種虛假的愛國，一種實在的自卑*。我以為，恰恰是那些敢於看到自己的國家或民族的缺點的人，或者敢於表揚其他的民族的優點的人，才是真正自信的人。

其實在這個世界上的弱國中不失自信的「強民」多如牛毛。比如歐洲的很多小國家中，比如南美洲的各個不發達的國家中，處處都可以看到充滿自信的人。這些「弱國強民」的存在充分說明了一個簡單的道理：個體自信，完全是可以獨立於民族或者國家這些概念之外的，而靠國家、民族、出身、性別，等等這些自己無法選擇的與生俱來的屬性來填補自己的個人自信，其實正是個體自卑的體現。

記得有一個網上「奮青」曾說：我做夢都盼著中國強大的那一天，我走在東京街上，胸前貼著「中國人」三個大字，引來滿街的崇敬。我覺得是不是更應該這樣想，不管走到哪裡，不管中國這個國家是強還是弱，是貧還是富，我們都應該自信和驕傲的

道出我們自己的國籍和自己的名字，讓別人為我們的這個個體，
而不是，或僅僅是因為我們的國籍而尊重我們。

2003

*這種「愛國者」心態不僅存在於在很多中國人之中，而是存在於任何一個壓制個體
的國家和民族文化中。

八、「老子」與「孫子」的人格較量
——從人際關係看中國社會的文明程度

　　按我們中國的傳統習俗，在人際關係中，「老子」就是輩分高的一方，在人格上要高一些，威風一些；「孫子」就是輩分低的一方，地位就卑微一些，要做「老子」的奴才。在中國人的人際關係中，我發現經常都出現這樣一種「老子」與「孫子」的關係。換句話說，不是我踩你就是你踩我。

　　具體分析起來，幾千年來在我們的孝文化的大家庭中，大多數人都是從當「孫子」做起的。從小被父母踩，在學校被老師踩，到了單位被領導踩。這樣的人生經歷，最終導致自我被剝奪，心理上產生極大的不平衡。在這樣的心理狀態下，只有在把別人給踩下去的時候，才能揚眉吐氣，從而達到心理平衡。更由於因為好多人從一生下來就沒有見過「平等」的態度，所以當他們受到他人尊重時，也往往會把這個「尊重」誤判成對自己的「抬舉」，從而覺得自己可以乘機「威風」一番，踐踏他人。所

以和一些中國人打交道，只有在有距離的時候，才能感受到他們的道德美感，一旦你對他們表示了「平易近人」的態度時，他們就開始把自己打扮成「老子」，在你面前威風起來，一幅「你算是老幾」的態度。

「老子」和「孫子」的關係，還很大程度地體現在中國人的家庭關係中。常常看到夫妻之間對話時又吼又罵，對兒女更是動輒出手。但傳統就是這樣，越是親近的關係，越是缺乏人格的尊重，所謂「打是親，罵是愛」。中國人的親情關係，好多都是一個沒有人格尊嚴的互相依賴的寄生關係。

在此不妨理性地分析一下「人格」和「尊重」的定義。所謂「人格」，就是人所具備的那些區別於動物的東西，比如思考的能力，道德的修養，等等。這樣的品格，是人類從自然的生物本能中脫穎而出的標誌。尊重，是一個人格成熟的個體對另一個體的價值肯定。這個肯定無視地位、種族、年齡和性別等等外在因素的不同。健康的人際關係，體現在一方面尊重他人的人格，維護他人的精神自主，另一方面又有相對完善的個體精神自主。老子與孫子的關係，恰恰就是與這個人格尊重的原則背道而馳——由於自己的自主權從一開始就被剝奪了，所以在生活中處處也要尋找機會剝奪他人的自主權。

「老子」和「孫子」的人際關係，是我們中國社會極度病態的體現，也是精神文明的落後的象徵。記得很多年前中國大陸就

在大搞所謂的「精神文明」，但很多中國人對精神文明的一個最重要的一個尺度——尊重他人，似乎還很陌生。

2007

九、中國社會
——一個不容納低能的殘酷社會

　　中西方社會之間有一個非常明顯的區別，就是在對殘疾人或弱勢的態度上。在西方社會中，由於社會對弱勢群體的保護，殘疾者和弱能者活得相對快樂自在，因為他們不需要掩飾自己的本來面目。然而在中國社會中，強烈的生存競爭導致社會中極度的弱肉強食狀態，殘疾者和弱勢的命運可想而知。中國社會對弱勢不但不保護，還加以歧視。除了社會制度對殘障人士沒有詳盡的保護措施以外，生活中，很多中國人也不懂得對殘疾人給予起碼的尊重。

　　病理學上的殘障人自然是極少數。現實中，在能力的高級與低級之間，還有一個大面積的灰色地帶，即很多人並非絕頂聰明，也非絕對的智障。拋開弱智和天才不談，在中國這個社會中，如果天生智能是在中等，或者中等偏上，那就算幸運了，不會成為被社會拋棄和歧視的對象；然而，如果智能是在中等偏下或者低等的人，他們的人生，很可能就是一場長期甚至終生的否

定自我的惡鬥。從醒事的那一天開始，這些人（當然不是所有的，但比例絕對不小）就被關進了一個和他們智能不相稱的戰場，在這個戰場上，他們與生俱來的低能是不被接受的。首先父母就不首肯。當父母看到自己的孩子做功課難，他們不是給孩子其他選擇，從而少作功課，或去做孩子喜歡的遊戲，而是給他們更多的功課，逼他們做不符合自己天性的事物。所謂「推」。在家庭以外，中國社會更是視「弱智」為恥，讓很多天生學習能力平平或者智力低下的人為自己感到羞恥。

這樣的結果是很多的能力差的人或者沒有應有的自信自愛，或者不承認自己的真實能力，從而想方設法地掩蓋之，或者偽裝自己，把自己打扮得很聰明的樣子（難怪中國社會有太多的不懂裝懂的人）。其實學習能力低，或者智力低下（這兩者當然並非完全是一回事），這些都是後天無法改變的事實。如果社會懂得尊重生命的不同，這些人就不一定非要選擇「仕途」，也不用偽裝自己。生活的樣式是豐富多彩的，任何一種行業，只要是自己真正喜歡的，適合自己的，都可以給人帶來快樂。但中國社會就像是一個「悶罐車」，大家都認為只有搭上這輛車，才會達到幸福的彼岸。結果是很多不適應乘坐這輛「悶罐車」和走這個方向的人，只好生活在對自我的否定之中。

長期生活在自我否定的狀態中是很可怕的。由於從小就意識到自己喜歡的都是「錯」的，不喜歡的都是「對」的，所以這

些人漸漸習慣了強迫自己喜歡自己不喜歡的事物或人。這樣的結果，就人格上的自欺，甚至自虐，並且很可能導致真實自我的終極失落。這樣的人，永遠都不清楚自己真正喜歡什麼，需要什麼，所以他們往往耗費了一生去追求的東西其實都並非自己的真愛，從而不管他們的願望實現與否，他們都得不到真正的快樂。這種人，必須要在他人的肯定下才會有價值感，而由於他人的首肯是自己無法控制的，所以他們在生活中永遠都找不到安全感。

在華人世界中有世界上最多的「推爸」「推媽」，他們一看到自己的孩子「笨」就著急得火燒眉毛，一定要把自己的孩子搞得「聰明」起來，並且要上藤校，也不看自己的孩子是否是這塊料。看孩子是什麼「料」的最佳方式，就是看孩子喜歡什麼。如果孩子喜歡讀書，當然應該鼓勵，而孩子不喜歡讀書，甚至做起來痛苦無比，這只能說明他們沒有這個「細胞」。天下並非每個人都是讀書料，也並非每個人都必須是讀書料。讀書不行，還可以做別的，而即使做什麼「大事」都不行，做清潔工也沒有什麼不好，只要他們沒有心理負擔，一樣可以有美好人生。

華人之所以「推」孩子，是因為他們當中的很多人總以為人的一切都可以通過學習得來。其實人的天性、才智，大都是先天決定的。後天當然能在程度上做一定的改變，但本質是無法改變的。而一個人如不能按自己的天性而活，一輩子想去改變不可能改變的事，這也應該算是人生的最大悲劇之一。我知道很多中國

人為了拿高薪，高學位，一輩子和自己的能力作鬥爭，在壓力中掙扎。雖然他們也可能實現自己的「夢想」，但和他們承受的壓力相比，這樣的「吃苦」並不一定是值得的。

在中國社會中有太多的人急於成為「人上人」，所以強迫自己（和自己的孩子）做自己能力所不及的，或者並不符合自己天性的事。用通俗的話說，就是「心大」。這樣的觀念和行為導致他們生活在巨大的心理壓力中，甚至活在自欺欺人的習慣中。之所以出現這樣的社會現象，表層原因，或者說直接原因是教育（父母和學校），深層原因是中國社會的激烈競爭導致的社會對個體人格的異化。解決的方式，大約只有從教育入手，讓人學會正確地看待自己（和自己的孩子們）的能力。這個世界無論天才還是凡人，只要順著生命本來給我們安排的路徑行走，人生就是值得的，死而無憾的，而自以為聰明地與生命的本性對抗，就會帶來弄巧成拙的結果，並很可能為之付出生命最大的代價：幸福。

2014年

十、既「貪圖吃喝」又「勤奮上進」的中國人

　　有人說中國人全世界最貪吃，最懶惰，又有人說中國人全世界最勤勞，最能吃苦，究竟誰對誰錯？筆者認為兩者都有道理。

現象之一：貪圖吃喝享受

　　中國人愛「吃」。複雜的烹飪技術似乎佔據了中國人大量的精力和時間。在中國大陸，最方便的也是「吃」，遍地的餐館，大大小小，各具風格（時常想中國人的思想要是和中國人的飲食一樣豐富就好了！）。除了在家里和餐館吃，中國人還在商場上吃，政壇上吃，甚至藝術文化交流，都統統交流到了餐桌上。在海外中國人常常把公寓弄得很髒，也是因為「吃」。總之，給中國文化冠之以「食文化」是並不為過。

　　除了「貪吃」以外，中國人還懶。中國人不喜好運動，即使

玩，也喜歡坐著不動的遊戲，比如打麻將（我的一個老師就是在麻將桌上胡了一個清一色而心髒病驟然發作而死！）。業餘愛好中，中國人也普遍不太喜歡動手的事，吃飽喝足之後，寧願胡思亂想，也不會出外鍛煉。

總之，中國人貪圖吃喝玩樂，不求上進。

現象之二：吃苦耐勞，奮發上進

那麼，中國人肯定是世界上最懶惰的民族了。其實不然。中國人既然能「吃」，那就什麼都能「吃」，包括「苦」。拿海外華人為例，早期第一代華人為了站穩腳跟，從洗碗打雜做起，黑人不做的事中國人都能做，然後又玩命讀書，過關斬將，到找到工作拿到綠卡時，幾乎脫了幾層皮。第一代折騰完，還不「過癮」，無數「虎媽狼爸」繼續拿後代折騰：不讓孩子成為「孩子」，一定要成為少年天才，所以整天不是琴棋書畫，就是奧數比賽，一樣不能落後。可以說，全世界都找不到一個民族能像中國人那樣折騰自己的孩子。於是這些孩子還沒有成人，臉上已經多半少年老成了。再等到成人時，好多中國人臉上似乎除了「苦」，什麼都沒有。

所以又說，中國人是全世界最吃苦耐勞的民族。

原因分析

　　為什麼中國人一方面如此貪圖享受，另一方面如此勤勞呢？我認為答案很簡單：前者是因為中國傳統文化的極端「物質化」，導致中國人骨質裡的非常實際的人生觀：食色性也，即：人的唯一天性就是「吃」和「性」（參見筆者舊文「物慾橫流，誰以為罪」）；後者是因為中國文化的長期等級制，導致人在這個制度下的殘酷競爭，為了爭做「人上人」而不得不「勤奮」。生活在上層的人，一切需要信手拈來，所以不必再「上進」；在下層的人，則必須「上進」、「吃苦」，否則只有做「人下人」，無法實現人生的「食色夢」。而由於在上層的人畢竟是少數，所以大多數中國人都兢兢業業地「上進」著，一定要奮鬥到一個光面堂皇的社會地位，才可能穩紮穩打地貪圖吃喝。

　　所以對很多中國人來說，「吃喝享樂」是人生目的，「吃苦上進」是「手段」。他們讀書、求知等都並不是出於好奇心，或者對知識的熱情，而是出於「仕途」的需要──「上進」是仕途的必經之路。所以很多中國人讀書，學數理化，玩琴棋書畫，很多時候都是一個並不享受的過程，而一旦人生目的達到，這些東西都被拋至九霄雲外。

　　亞里士多德說「好奇是人的天性」。他說這個話的時候，肯

定還沒有見過中國人。中國人可能是全世界最缺乏好奇心的民族之一。也正因為中國人沒有多少好奇心，不對自然和人性提問，所以才沒有哲學和科學（在此「科學」指對自然進行探索的純理性部分，而不包括科學的技術和實用部分）。對比之下，西方文化的發達，其實並不源於他們的「上進」，而是源於他們的「好奇心」：因為有了好奇心，才有了問題，才有了哲學和科學上的探索，才有了探索後的科技成果。

如果說「貪圖享受」，西方人其實幾乎是人類之最。比如「性」，比如「玩」。相對於中國的「食文化」，西方是「性文化」。西方人在性方面的花樣也許可以和中國的飲食媲美。生活中西方人業餘愛好也是一大堆，從養花種草，到各種體育活動，忙得不亦樂乎。在美國之所以IT行業多是中國人和印度人，我個人認為並非因為很多美國人腦子笨，很大一個原因其實是因為美國人根本不願意把自己的生命浪費在這種現代的枯燥的「體力活」之中。換句話說，美國人不願意吃這份「苦」。在培養後代方面，西方人一般也不會把自己的孩子從小弄來折騰數理化，或者僅僅為了取得比賽第一而每天早晨把睡眠不夠的孩子從床上趕起來彈鋼琴。西方人大多都是要孩子盡情地玩，享受一生只有一次的無憂無慮的童年。所以，從這些方面看，西方人其實是最不能吃苦的民族。

說到中國人在吃上的過分講究，我個人曾經也非常不屑。

現在我改變了看法：講究吃，本身沒有錯。我發現其實很多講究吃的人，身體好，精神也健康快樂。講究性，也沒有錯。事實上，中國人很多奇怪甚至病態的觀念，都和性壓抑關係很大。所以我認為真正的錯，不在「食色」，而在於「單一」：首先，當一個民族的大部分人都把人的「基本需要」看成是「唯一需要」之後，多餘的精力自然就無處發洩，只好用來內鬥；其次，當別的文明在多元文化的競爭變得越來越強悍之後，這個內鬥的民族自然就在歷史中落後了。所以，中國文化之所以落後，其實並不在於「食」、「色」，而在於人性之中缺乏多樣化的天然需要：信仰、科學、求知等等。在中國文化史上，我們幾乎看不到對人的本源，本質以及世界的本原等等這些幾千年前就出現在西方人頭腦中的問題。而西方文化之所以走在前面，就是因為他們的多元化的生存狀態和思維方式：除了食慾色欲，還有求知欲，信仰欲，擴張欲等等。

那麼為什麼中國人的興趣（或者說「追求」）如此單一？我認為這個現象和地理環境及其所導致的不同的生存方式有極大關係。但這將是另一個大的論題，牽涉到歷史和進化方面的問題，是筆者當前能力無法涵蓋的。總而言之，人的一半是動物，一半是「人」，對任何一方的過度推崇，都可能導致消極的甚至災難性的後果，只有多元的發展，才可能孕育出最健康也同時最具競爭力的文化。

而就個人來說，我認為不管講究食色，還是探索知識或文化藝術，只要讓自己愉快，不妨礙他人的自由，均屬健康的生活方式。

2012

.

■ 十一、「中國式」的「樂觀」

　　任何一個有正常觀察能力的人，在美國（西方）生活一段時間後，都不難發現一個強烈的對比：在美國，新聞中不斷充斥著對社會陰暗面的暴露，美國的大多數人，也習慣於對社會持批評態度，一會兒上街遊行，一會兒在媒體裡強烈譴責。總之，如果不親身生活在這里而只看新聞的話，美國就顯然是一個非常黑暗的國度。而中國的情況似乎絕然相反，電視報紙裡一片高調，在生活中大多數中國人也都習慣了聽「積極」的，說好的。總之哪些該說，哪些不該說，大家都非常「默契」。於是，如果不長期生活在這個社會中，並帶著一雙「與眾不同」的眼睛，很多人一定會以為中國是世界上最文明的國度。

　　其實這就是民主和專制社會的區別。對社會的批評，一般來講就是對當權者的批評。專制的國家，當權者自然是不願意看到有人批評自己的。所以如果一個社會的新聞媒體對社會批評越多，這個社會就一定是越民主越開放的，反之，就是越專製越

封閉。

中國式的「樂觀」，分析起來原因不外乎有兩點：一是「自私」；二是「短視」。首先，在中國掌握媒體的，或者說有權利說話的人，都是處在權勢階層（當然很多其他社會也一樣）。這些人為了自己的利益，封鎖消息，壓制反面聲音。另外，大部分知識分子和經濟上的爆發戶，也出於同樣的「得利者」的動機，對於沒有發生在自己頭上的災難不聞不問。其次，「短視」的人，一般只根據自己親身經歷來看待現實。對那些沒有發生在自己身上或者身邊的事，都一律不關心。不關心也就等於不存在。所以很多普通的中國人也很容易對社會得出「樂觀」的結論。

不光是今天的現狀，就是對歷史，對剛過去的歷史，中國人都可以非常「樂觀」地迴避黑暗的一面。比如文化大革命。我在中國生活了30年才出國，對文革的認識和大多數中國人一樣，不過是紅衛兵批鬥知識分子。近幾年我才從網上得知一些發生在縣份上的可怕的大屠殺。這些屠殺手段之殘忍，犧牲者數量之眾，堪稱觸目驚心。然而，這些可怕的事件在發生之後很快就銷聲匿跡了，這是為何？原因除了很多當時的殺人者還在當權以外，也許還和寫歷史的人有關。寫歷史的人是知識份子，雖然中國知識分子是文革的受害者，但在對文革的回憶上，對發生在偏僻鄉村的更大災難的忽略或迴避，充分顯示了中國知識分子的自私以及對學問的不嚴肅和對歷史的不尊重。

魯迅說中國人非常「健忘」，我說中國人可能也不得不「健忘」，因為歷史和現實都太沉重，太黑暗了，而大多數中國人早已喪失了面對現實的能力。也正因為這個原因，中國人的「樂觀」，其實反映出中國社會是一個得過且過的社會，一個只顧眼前，不看將來的社會。當今中國的經濟繁榮，其實主要是因為國際經濟市場的需要，帶動了中國的經濟發展。中國的生產力的提高，也是因為開放後大量引進的現存科學技術。這就是說，中國社會的發展，基本上是靠外因，而非內因。事實上，中國，這個人口增長和文明發展不成比例的社會，早已極度缺乏自身內在的協調和發展能力。如果80年代沒有打開國門，文革和大躍進的悲劇可能還會重複上演。而現在國門打開，突然出現的這個「經濟崛起」，從歷史的角度來看，還很難斷定是曇花一現，還是能持久的繁榮。

2013

■ 十二、「中國式」的遺忘

「人們總是把善良的美稱加在一切弱者頭上。殊不知有些弱者之所以顯得善良，僅僅是因為他們暫時沒有做惡的條件」——胡平，《哲思手札》

最近在網上讀到有關文革大屠殺的信息，很有幾番感觸。首先是這些大屠殺的受害者數量之多，迫害手段之殘忍，絕不次於南京大屠殺；其次，參與者之眾，之「普通」，讓人不寒而栗；最後，感觸更深的，還是這樣慘絕人寰的事件居然能在發生之後的幾十年間幾乎徹底地銷聲匿跡。

魯迅不止一次地指出過中國人健忘的特徵。不過魯迅說的應該是古代的事。而在魯迅死去大半個世紀之後，中國人連在短短幾十年的事都會忘得乾乾淨淨，這種「咄咄怪事」，不得不使我提筆，對中國人最近的一次集體「遺忘」的作一點反思。

來美國後，我曾經從一個年齡比我大得多的朋友那裡聽說

過文革期間在廣西某縣發生的人吃人現象，包括活吃人腦等等驚心動魄而不可思議的事。我當時雖然傾向於相信，但還有幾分懷疑。而在讀到了譚合成的《血的神話－公元1967年湖南道縣文革大屠殺紀實》（以下簡稱為《血的神話》）一書之後，加上在網上搜索到的一些信息，我對這些發生在自己有生之年的人間慘劇不再懷疑。

《血的神話》一書記載了湖南道縣的大屠殺，其血腥的程度令人髮指。而後筆者又在網上讀到關於廣西南寧大屠殺紀實文章，其規模和手段似乎更為慘烈，被害死的人數更多，也證實了我以前的道聽途說。我沒有興趣去描寫那些慘絕人寰的細節，在此只想指出在這些事件中的兩個在我看來非常顯著的特徵：參與者的眾多和「普通」，以及手段的極端野蠻。而這兩個特徵，我認為是作為中國人，或者任何一個對人性研究有興趣的人都無法迴避，並且也是不應該迴避的。這兩個特徵向我證實了這樣一個事實：人性中善良的一面的缺失，和「惡」的一面的凸顯，在特定的歷史條件下會成為一種普遍存在，甚至走到一個非常可怕的極端。

所謂「普遍存在」其實並不一定是意味著「大多數」，更不是指「所有人」，而是指一種遠遠大於「個別」的現象。就像兒童虐待一樣，雖然不是每家每戶都發生，但它的存在遠遠超出了幾家幾戶，所以在中國這個人口世界第一的土地上，這樣的現象

即使是少數，受害者也不會僅僅是幾個，或幾十個，而是成千上萬來。這樣的數目，如果僅僅因為不是「大多數」就採取忽略，那就是一種對他人的痛苦漠不關心的麻木心態。

那麼，導致人性善的缺失和惡的凸現這一現象的原因是什麼呢？我個人覺得在一些表面的問題——如製度——上去找答案是不夠的，而只有在文化，甚至更深的因素——歷史和進化規律中才可能找到相對令人信服的答案。而這個巨大的題材不是本文和筆者的能力所及的。本文想要回答的只是一個非常簡單的問題：自稱數學那麼好，那麼聰明的中國人，怎麼會在如此短暫的時段中徹底「忘記」如此驚心動魄的發生在自己身邊的事？

筆者基本上和文革同歲，在大陸生活了三十年才出國。在這三十年中，現在還記得的，是一次聽說過知青在鄉下吃死嬰的事，另一次是文革中一個教授的手指被釘過竹籤的事。但這些消息傳出來，都是非常小心翼翼，並且都似乎是「個別現象」。更不必說，隨著時光流逝，這樣的「流言蜚語」都在眾人的心中淡化，最後消失了。為什麼？是因為中國人害怕殘暴和血腥嗎？如果是，為何在中國民間有那麼多人對日本軍人在二戰中的殘暴如此刻骨銘心？是因為政府和媒體的消息封鎖嗎？很多人會認可這個理由，不加思考地把責任推給政府，但我個人認為，即使政府有意掩蓋，民間也不可能連一點蛛絲馬跡都找不到的。比如儘管大陸官方對日本在二戰中屠殺中國人的殘暴實行長期的掩蓋，

但中國人中還是有不少知情者。也許，是因為中國人心態「積極」，凡事講究「喜慶」，看問題總是看到積極的一面，從而把醜陋的一面刻意漏掉？如果真的是這樣，那又不能完全解釋前面提到的中國人對日本在二戰中的殘暴耿耿於懷的事實。總之，以上這幾點，雖然都或多或少地是原因之一，但我總覺得，能夠讓如此大的事件那麼迅速地石沉大海，一定還有更潛在的原因。

　　答案，還要去事實中，或者歷史中尋找。有些事，單個地看，怎麼也看不出究竟來，而和其它事情對比之後，其真相往往會自然顯露出來。我個人認為，文革這樣的災難，在人類歷史上是「獨樹一幟」的。之所以這樣說，是因為在歷史上，很難找到和它相似的事件。二戰中的納粹殺猶太人，是有組織的種族滅絕，針對性極強，所以和文革的群眾運動不是一個性質；日本人在二戰中對中國人的屠殺，一是因為戰爭，二是有種族仇恨的動機，和文革運動有很大的本質差異；蘇聯的肅反運動，是一種自上到下的有組織的迫害，和文革的群眾運動還是有很大差別；法國大革命在現像上倒是和文化大革命類似，在其最瘋狂的時候，大概也是人人參與，濫殺無辜而血流成河。不過，法國大革命的性質，是兩種意識形態的極端衝突，其後果，除了其對社會的極大破壞性之外，還有著非常積極的一面：它把平等和自由觀念傳播到整個歐洲，使歐洲社會的製度和結構在進化史上更上了一個台階。中國文化大革命之所以史無前例，是因為它是一場幾乎無

目的性的，發生在無知的群眾中的互相迫害。你整我，我殺你，大家都站在毛澤東共產黨一邊，根本說不出任何理由。

顯然，把這種慘劇的責任簡單地推給制度，或者共產黨，似乎都是非常不夠的。然而又有**誰**願意把這個責任推給自己呢？那些在屠殺中挖了別人眼睛，吃了別人的腦髓心肝的人，不大都在事件之後平平安安地沒有受到任何懲罰麼？不但不受懲罰，還反而成了「受害者」得以善終。這，就是「遺忘」的好處。

逃避責任，是集體主義給個人帶來的最大「利益」。因為，無論做了什麼事，責任都不在個人身上。一句「大家都是這樣」，就可以免掉各種懲罰，甚至良心的懲罰。面對著這種不堪回首的往事，大家似乎都搞不清楚究竟是什麼惡魔附身，讓自己做出如此不可思議的事情。於是，遺忘，自然地變成了群體的最佳選擇。

在這種集體遺忘之下，中國的統治者和被統治者一唱一和，在歷史的一治一亂的重複中，寫下了一部幾千年在人性道德上原地踏步甚至倒退的華夏「文明」史。在亂世之中，太多的個人都找到藉口宣洩自己，和著「大多數」一起濫殺無辜，而在和平時期，官方封鎖信息，民間主動配合，大家又開始「忘記」過去，一心向前，在人性枯竭的臉上強拉出一份歡笑，扮演一片「盛世」的「繁榮」。

遺憾的是，遺忘並不是解決問題的方式。誰也不能擔保悲劇

會僅僅因為「遺忘」而不再重新上演。

回到本文開篇引用的胡平的話：「人們總是把善良的美稱加在一切弱者頭上。殊不知有些弱者之所以顯得善良，僅僅是因為他們暫時沒有做惡的條件」，不難看出，往事之所以不堪回首，正是因為這些殘忍不是出於，或者完全出於統治者之手，而是出於「你」、「我」、「他／她」等等這些所謂的「普通人」之手。當然，我絕對不是說民眾中沒有善良的無辜的人，而是說民眾中的「惡」是廣泛存在著的，只是相對隱蔽而已。「大眾」，決非一般人所理解的那樣，在各種人為災難中都是「受害者」。非但如此，在特定的歷史條件下他們會和和二戰中的納粹和日本軍人一樣瘋狂殺戮。由此，在事後他們也應該和納粹即日本軍人一樣，不能迴避責任，更不能逃避良心的懲罰。

人類只有深刻反省歷史，挖掘導致災難的動機，才能更深刻地認識自己；而只有對人性有了深刻的認識，人類才能在今後的歷史中盡量避免災難的重複。最後我希望每一個讀者捫心自問一下：如果再來一次大亂，作為中國人，或者一個普通人，你會有什麼樣的信念，使你不會投身於運動中，成為殘殺生命的一員？

2012年

十三、「被他人笑話」
——也說「權威理性」

　　好多中國人做事說話，最忌諱的就是「被他人笑話」了，所以凡事瞻前顧後，不敢言人之未言，做人之未做之事。殊不知，「他人就是地獄」，或者說，「他人是一扇敲不開的緊閉的門」（Another person: a door you can't enter, even by knocking.註）。而那麼多他人，那麼多未知的「宇宙」，我們怎麼可能知道其中藏了些什麼內容？怎麼可能知道他人真正如何看待我們的言行？怎麼可能做到直抒胸懷而不被他人笑話？

　　大約也正因為他人內心之神秘，而同時又怕被人笑話，所以中國人在言行中才死抱一個原則，只做前人做過的事，說他人說過的話，總之，照本宣科，絕對不會出任何問題（也就是一定不會「被他人笑話」）。果然，幾千年來，中國人稟賦這種精神，在思想上「創造」了世界上最不具備創造力的文化——幾乎所有的經典文獻，都不過是對前人的批註。仔細想起來，恐怕在中國歷史中只有那第一個寫書的人才有點「自我」，而一旦書已寫

成，便字字成「經典」，後人一旦說出了「經典」中不存在的內容，便立即要「被他人笑話」。

權威理性，按我的理解有三個方面的含義：一是前人的經典，二是當前的「權威」者——或者政權的掌握者，或者學術的專家——的思想言論，三是大多數人認可的符合傳統習俗的觀念，所謂「常識」。中國人思考問題，絕不願意主動背離這幾種「權威」。似乎，「上帝」給了我們這個大腦，不是用來獨立思考的，不是用來對事物形成自己的看法的，而僅僅是用來拷貝這些「權威」者的語錄的。不但如此，一旦有人敢說出自己的真實想法，無論其合理與否，只要與「權威」不一致，便會在很多中國人——包括中國的精英——中遭到攻擊。

總之，中國人萬事講究「權威」，包括思考和說話。似乎，一個人要不是某方面的專家，就連發表自己觀點的權力都沒有。而只要你是專家，隨便亂扯都不會有人對你說半個「不」字。這種來自內心的對他人意見的畏懼心態，導致的必定是思想和言論上的自我禁錮。再加上中國的專制制度，思想專制在21世紀的中國仍然能大行其道就不難令人費解了。

2012

註：Marty Robin. http://wwwaphorismscom.blogspot.com/

十四、同情心及挑戰意識在華人群體中的全面缺失

2002年我出國後第一次回國，親戚們忙開了，每天有人請我吃飯。一次在飯桌上，我提到自己去美國幾天后就下餐館洗碗。本來覺得很值得驕傲的談話題材，被一個親戚接過話，說道：「聽說在美國洗碗久了的人回來見到圓形的東西就想洗，是嗎？」一時間大家哄堂大笑。好在我本人當時完全沒有思想準備，所以也沒有覺得受了歧視，只是笑了笑，繼續自己的話題。多年後想起來，這還真是個缺乏同情心與挑戰意識的典型例子。

在華人群體中，這樣的例子處處可見。很多中國人視人生的困境為「倒霉」，更不懂得什麼叫挑戰。所以那些不畏艱難而向命運挑戰的人，不但不會被很多中國人所欣賞，反而會被看成「傻子」——比如「悲慘世界」中的主動自首的冉阿讓，泰坦尼克號上選擇與船同生死的船長。這種普遍存在的對「厄運」的歧視也導致了好多「倒霉」的中國人不得不把自己「包裹」起來，

怕人笑話，而像筆者這樣有事無事居然還敢公開宣稱自己「一貧如洗」的人，當然只會被看成「有病」。

同情心，是對在受苦受難中的人類同胞（甚至人類之外的一切生命）的一種情感共鳴。一個有同情心的人，會由衷地分享他人的喜悅，同時也能憐憫、同情他人的厄運，並拷問人生為何如此不公。但在華人群體中，這樣的態度似乎不多，而比較常見的是對他人的苦難避之唯恐不及，甚至興災樂禍的態度。這種極端的自私，甚至可以說陰暗的心態，在其他文化群體中不是沒有，但似乎不像在華人群體中那樣常見。

筆者曾經百思不得其解，但漸漸地在對人性以及歷史規律的學習認識過程中得到一些啟發。我認為，當一個人不但不能從他人的幸福中獲得快樂，還希望他人遭殃時，這樣的心理其實是源於一種強烈的與人為敵的生存競爭意識，即：如果他人（「敵人」）都幸運了，自己就可能會「倒霉」，反之，自己就肯定會幸運。這種強烈的生存競爭意識來源於強烈的生存危機感，即對自己的生存狀態沒有安全感，今天穩定，明天就可能沒有飯碗（飯碗被他人搶）。這樣的心理形成，我認為是和中國的幾千年封閉性的文化環境有著潛在的關係，是中國社會幾千年由於沒有解決「飯碗問題」而導致的一種心理後遺症。從進化的角度看，封閉性的文化由於缺乏與其他文化交流（取長補短）或者向外擴張的條件，導致人口和資源的矛盾不斷重複循環（一治一亂），

所以吃飯問題——最根本的生存問題——成了社會中反復出現的問題，於是人就很難徹底擺脫生存危機感。在《解析「群體妄想症」》一文中，筆者相對仔細地分析了生存危機感和人口及資源之間的關係，最後這樣總結道：

「在中國這個封閉的環境中，大家都認識到「天下」就這麼大，「時候」一到，不是你死就是我活，所以生存危機感永遠都沒有被消除。不管儒家經典書上如何說，不管共產主義如何教育，深埋在華夏民族心靈中的，是「與人為敵」的強烈的生存和競爭意識。共生理念、人道主義、利他主義等等這樣的相對『高級』的道德理念作為群體意識形態基本上不可能在中國文化中生根。」

所以在資源供給的條件不變（封閉文化環境的特點）的情況下，別人遭殃了，自己生存的機會似乎就會增加。也許，這就是中國社會缺乏同情心的歷史根源所在。

然而根源歸根源，改變，應該是可以通過人為的努力而達成的，因為人有極強的「可塑性」。如今國門打開幾十年了，中國人應該看到自己和外面的世界的真正差距，從而在心理上改變與他人為敵的態度。當然，這大概需要很多代人的努力。

挑戰意識，或者冒險精神，是明明知道一條人生路的艱難但卻由於其精彩的可能性而偏偏要選擇這條路的精神。所謂「明知山有虎，偏向虎山行」。具有冒險精神的人，往往好奇心重，自

信充分，他們的人生也許坎坷，但卻充滿意外和驚喜。缺乏冒險精神的人，則往往是因為懷疑自己能力，從而在人生路上不得不打一手「保守牌」，處處迴避自己不熟悉的生活方式和環境。這本身就是一種輸家心態，這樣的人生也不可能是精彩的。當然，保守的人生態度本身其實是無可厚非的，因為人各有志，大家都有自由選擇自己的人生路，但遺憾的是，在中國社會中很多人卻是把這樣的「輸家」態度看成人生「成功」的「秘訣」，而對富於冒險精神的人不但不欣賞，反而嘲笑之。這實在是如古人所云：「燕雀焉知宏鵬之志哉」。

一個不願意自己冒險的人，往往期望在自己人生的每一步之前得到「過來人」的指示。當然，適當的計劃或策略是智慧的體現，但過分周密的考慮，往往使人生路途失去了神秘感。華人群體（海內海外）可能是這個世界上最注重教育的文化群體，認為人的一切——或者至少絕大多數——秘訣都能通過學習得來，所以只要一個人認真學習古人，長輩及他人的既存經驗，人生就不會走彎路。然而世事無常，命運千變萬化，事實上我們基本無從法把握未來。而我們中國人的這種保守精神使得中國文化幾千年重複老路，在歷史的發展中無法真正「進化」。

大概因為同樣的原因，很多中國父母對自己的孩子無端高壓，以為這樣「高壓」或「吃苦」之後，學得一身本事，孩子們以後的人生就是「康莊大道」。這種認識是非常短視的，因為人

世間其實是人算不如天算，而天總有不測之風雲，所以自以為機關算盡的人，往往會因為自己不習慣於跌跤而在意外的困難面前跌倒，甚至一蹶不振。

其實，人生很多東西不一定都能學到，而學到的並不都一定實用。並且，一個真正有悟性的人，很多真正的智慧反而是不師自通，根本不需要把光陰浪費在過多的書本上。對於富於冒險精神的人來說，由於不敢向命運挑戰從而導致的平坦人生，並不是「運氣好」，而是生活的單調和生命的貧血的體現。對他們來說，人生最大的樂趣在於其不可預測的神秘性。真的自信者，對待命運，就如同衝浪者一樣，隨漲隨落，漲時鳥瞰天空之開闊，落時沉浸於幽谷之深邃，每時每刻，無論命運給予自己的是什麼，都能瀟灑地接受，這，才是人生的贏家。

同情心，或者說人道主義精神，以及冒險精神，這兩者的同時缺乏，導致很多中國人一方面不懂得分享他人的快樂，甚至在面對他人的苦難時沾沾自喜，另一方面更無從尊敬或欣賞那些挑戰人生的勇敢者。也許，中國文化孕育不出像「悲慘世界」這樣體現人性美的作品，大約也是因為在中華民族這個群體中，缺少真正的善與愛，以及勇氣、挑戰，等等這些人性中最偉大的品質。而一個缺乏冒險精神和同情心的民族，對外不可能有真正的競爭力，對內更不可能建造一個平等的健康的社會。

2014

十五、中國當今經濟的成功就是西方科技的成功
——從歷史的角度看中國的「飯碗問題」

　　昨天大陸的一個幾十年的老朋友突然現身我家門前，高興之餘，我問她對美國的這幾天旅遊有何看法，她說幾乎什麼都不好，最明顯的就是公路不如大陸的好，等等。無奈之餘，我只好說，對美國的認識不是幾天甚至幾年能夠完成的，在「破爛」的公路後面還有很多看不見的東西。

　　我知道和我這個朋友的觀點相同的中國人不計其數。現在大部分中國人都在當今中國飛速發展日新月異的高樓大廈、鐵路公路系統等等面前感到飄飄然以至於發高燒。還有不少人把當代中國的崛起和西方的工業革命相比較，在此我要再說一遍，這二者沒有任何可比性。**西方19世紀的工業革命是人間奇蹟，中國今天的經濟飛躍卻不是。**可能有人會問，幾十年前中國還在用一把鋤頭挖地，而現在卻和西方平起平坐，西方有的我們都有，這難道

不是奇蹟？我的答案還是否定的，因為一個簡單的道理：西方的工業革命，一切都是從無到有，不折不扣的發明創造，而中國今天的成功，一切都是「從有到有」──所有的技術和經濟體制都是「借來」的。換一句話說，當今的中國是站在他人的肩膀上，享受著他人的創造的成果。

　　具有起碼歷史知識的人都知道，現代科學是西方的「專利」。也就是說，人類文明發展幾千年，科學的理性精神和現代科學技術，都只出現在西方文明中。而這個出現，不是在一夜之間，而是經歷了兩千多年的演變：從古希臘開始的科學理性的萌芽和成熟，到中世紀的幾乎一千年的停滯不前，又從文藝復興的人文回歸，到近代科學的飛躍，最後才導致了工業革命。更不必說，理性科學產生在古希臘也不是偶然，之前還有漫長的歷史進化因素作為基礎。

　　如果說古希臘的科學理性精神，以及文藝復興時期的理性回歸，到16-17世紀的近代科學發展，受益者都是少數精英階層，工業革命卻把受益者變成了大多數。這是因為，工業革命在西方相對成功地解決了一個人類長期存在的問題：人口和資源的矛盾。

　　人類之所以有戰爭，表面上看似乎是因於宗教，種族等等的衝突，其實從歷史和進化論的角度看，深層根源只有一個：人口和物質資源的矛盾。這個理論被馬爾薩斯在200年前提出，其

觀點就是呈幾何級速度增長的人口與呈算術級增長的物質資源（produce subsistence）之間矛盾必將導致飢荒、瘟疫，甚至戰爭等等這樣的大量減緩人口的災難。很多人對這個理論不以為然，認為僅僅是一個「理論」。這其實是一個非常簡單的算術問題。並且，翻開歷史，我們不難看到這個人口和資源的矛盾一直出現在所有的人類社會中：當今世界的各個文明和文化都經歷過──或者正在經歷著──這個矛盾，更有數不清的文化甚至文明就因為無法解決這個矛盾在歷史的長河中消失，比如復活節島文化，以及中美洲的無數自生自滅的文明的，等等。

歐洲文明在近代史上因工業革命的成功大幅度地緩解了這個矛盾，並且西方的社會結構也隨之而得到根本的改變，從等級分明財富集中的兩級分化的社會，轉變到相對平等的民主社會（民主的成功自然也不光是因為工業革命。不過這是另一個話題）。當然，即使工業革命導致了大幅度的生產力提高，物質極大豐富，甚至西方列強們無限擴張他們的疆土，等等這些都仍然不能和人口的幾何形增長速度「媲美」：西方社會在現代史上仍然發生了以政治種族等為接口，實際上是源於經濟危機的空前絕後的戰爭。

反觀中國歷史，從商朝開始的農業文明起，到二十世紀的中葉，這片土地的中心任務都是反復努力解決一個從未解決過的問題：「飯碗問題」。中國歷史的「一治一亂」，其實就是人口和

資源之矛盾的一鬆一緊：當人口增長，老百姓吃不飽飯而走投無路時，只好揭竿而起，推翻統治者；改朝換代之後，人口大減，資源和人口的矛盾得到緩解，於是經濟漸漸恢復，社會開始鶯歌燕舞，國泰民安，多子多福的理論又開始家喻戶曉，人口又開始猛增，終於在十幾代人甚至幾代人之後，物質生產資源又無法負載過量的人口，老百姓又揭竿而起，上演「大亂」的悲劇。

作為中國人，我們不能不知道，人類整個文明史中死亡數最高的戰爭大約十幾個，其中的70%-80%都發生在中國，或者至少和中國牽連*。這不是偶然的，而是因為一個特定的歷史原因：**中國的人口和資源之間的矛盾從來都比其他幾個主要文明地區更為緊迫**。那麼，導致這個緊迫矛盾的原因又是什麼呢？筆者認為是中國相對封閉的地理環境。在封閉的地理環境中，人口增長後人除了自相殘殺以外幾乎沒有任何其他辦法來解決資源短缺的問題（中美洲阿茲特克的大規模的活人祭祀基本上是每年一次）。所以，在地理上絕對孤立的文明或文化，一般都擺不脫自生自滅的命運，而只有在地理位置開放的地區中那些和其他文明緊密相聯繫的文明或文化，才能充滿生命力，不斷向外開拓，向前進化發展。中國既非像中美洲或者復活節島那樣幾乎絕對的和其他文明隔離，卻也沒有像地歐洲文明那樣具有聯繫各個不同文明文化的優勢，所以一方面中國從來沒有走上徹底消亡的命運，但另一方面中國也不可能像歐洲文明那樣步步為營地向前發展。是的，

華夏文明存在了幾千年，但卻是沒有進步的，甚至是自相殘殺幾千年（這大約也是中國人最恨中國人的根本原因——搶「飯碗」的從來都是自己人）。

這個一治一亂的怪圈，一直循環到毛時代：在上個世紀中國發生的兩次大規模的人為災難——大躍進和文革，其實就是極度落後的生產力和巨大的人口負擔之間的矛盾得不到任何其它的解決辦法之後的「自然」結果。大躍進的實質其實就是中國在毛大力提倡多生，人口爆滿，生產力極度原始的情況下的人口大量滅絕：或餓死，或打死，或大規模的屠殺。大躍進之後僅僅十來年，中國又爆發了史無前例的文化大革命，其間大屠殺，自殺，餓死，各種酷刑折磨致死的，都不計其數。實際上，當時的共產黨政府面臨的這個人口和生產資源之間的矛盾之尖銳可能勝過歷史上任何時候，讓群眾自相殘殺，自生自滅，大約也是毛澤東能想出的最「智慧」策略。大躍進死了幾千萬人，文革的死亡人數應該不亞於前者，或至少也非常接近。

文革止於70年代，試想，如果80年代中期經濟不開放，不引進外資和科技，中國人繼續用鋤頭耕地，這個國家能繼續負載這十多億人口嗎？答案是否定的。我認為如果80年代不開放，大躍進和文革的悲劇會繼續循環上演，因為短短的幾十年，中國人只憑自己的一把鋤頭，再有天大的能耐，也不可能改變祖祖輩輩幾千年都沒有改變的現實。更不必提目前中國的自然環境早已被

糟蹋得貧瘠不堪。不過幸好開放了，引進了西方現代科技，中國人的飯碗問題終於得以解決。這也使得中國社會雖然繼續是專制社會，繼續充滿了不公平，但卻沒有再爆發文革大躍進那樣的慘劇。所以，我不得不說，**中國當今的經濟成就，真正的「功臣」是西方科技和經濟制度**。

然而，儘管一切受益於西方科技和經濟制度，中國人普遍卻被眼前的成就沖昏了頭腦，個個都陶醉在一種自我膨脹的自以為是的「喜悅」之中。這樣的群體心裡趨勢是很有害的，也是很脆弱的，因為它代表的是短視，而非智慧。要知道，雖然西方的工業革命成功地走了幾百年的路，中國的經濟突變只走了幾十年，但如果不是從西方「借來」現成的科技和經濟成果，中國人沿著自己的老路再走幾百幾千年，甚至幾萬年，也不會走出工業革命。更不必說，短短的幾十年，在人類歷史長河中算是滄海一粟，任何一個人都不能僅憑這樣一個局部來對整體作出結論。

威爾·多倫（Will Doran）在《文明的故事》（「Story of Civilization」）中寫到：「如果人始於語言，文明始於農業，工業始於火」（"If man began with language, civilization began with agriculture, industry began with fire"）。人發現火是一百多萬年前的事。也就是說，在工業革命的輝煌後面，是人類一百多萬年的積累。所以，如果大多數「聰明」的中國人看不到在自己飛漲經濟之後的歷史沉澱，看不到西方文明的底蘊，不懂得自己的成就得

益與西方的科技和開放文化意識，而只知道居功自傲，自我膨脹，那我不得不說，這個民族的群體智慧還停留在幾千年前原地踏步。

*參見：https://en.wikipedia.org/wiki/List_of_wars_by_death_toll

2015

.

▌十六、我極少讀中國書的五大原因

　　很久以來，我對中國的文化和政治都失去了興趣：幾乎不讀中國書（不管是文學還是歷史），不看中國電影和電視劇。這樣的狀態已經持續很久了。在我參與的一些網絡論壇上，我被指責為「反中國」，「種族歧視」等等。也許，出於對（種族）歧視的淺層次的理解，我可能的確配得上「種族歧視」的帽子，但基於我自己對歧視的認識，我卻是遠遠不夠格的，甚至恰恰相反，因為我是一個徹底的個人主義者，在生活中對每個人都從「個人」角度出發待人，不管這些人是哪個民族，哪個國家。我對「中國」漠不關心，不是出於「仇恨」，而是出於「個人興趣」，即：中國文化中的大多數內容（或者說「主流文化」）不再激起我個人的興趣。

　　這當然是有原因的。對我來說，幾千年不變的文化，或者文明，與當代的共產主義一起，改變，馴服，甚至扭曲了中國人（註：「人」指普遍意義上的「人」，而不是個體意義上的

「人」）的本性。不管是在中國的傳統文化遺產中，還是在當代中國人文化生活中，我都很難看到人性的本來面目。

什麼是「人性的本來面目」？這當然是個巨大的話題，值得鴻篇巨著，非本人力所能及。所以只有簡而言之，「人性的本來面目」，或者「人性之本」，可以理解成「自然賦予人的所有屬性」。如果這個說法聽起來抽象了一點，再具體一點說，就是人性中的那些沒有被所謂的「文化」，「文明」，或者所謂的「人類智慧」（自以為高於自然的那種）所修理過或裝飾過的那些屬性。根據這個理解，我認為中國（以儒家文化為主流的）文化是過度人為化了的文化，在其中已經很難看到人性的原初面目了。

筆者是個人主義者，也是個熱愛生命的人。本著忠實於自己的原則，以下就是我為什麼不喜歡中國文化，不愛讀中國書的幾個最重要的原因（排序基於個人之不喜歡之程度而定）：

1、極度缺乏生命力

在絕大多數的中國傳統文化和現代當代文化中，我幾乎看不到對生命的正面歌頌。

在中國的文學藝術中，我們可以看到對作為一個民族整體的「中國」的歌頌，對中華文化幾千年傳統的歌頌，對當權者（皇

帝或者共產黨），對父母歌頌，但很難看到對生命，對人性的讚美。不錯，在古詩詞古畫中我們也能看到對自然之美的描繪和讚嘆，但，這些都多是出於對人世間的逃避，而不是出於對自然和生命的正面讚頌。

導致這個現象的原因，我認為最直接的是因為大多數的中國人作為「個體」的生命都被剝奪了。幾乎從生命之初，中國人的生命就被賦予了一種「個體」生命之外的價值——或為祖國，或為什麼主義，或為父母，但就是沒有「為自己」。由此，對很多中國人來說，生命只有在被犧牲的情況下才具有價值。這樣的結果，自然讓人看不到自己的生命之美。其次，中國儒家文化的宗教內涵是「祖先崇拜」，這個「宗教」傳統是中國文化缺乏生命力的根源，它注定了中國人對「生」的忽略，從而把死人看的比活人重要，把長輩置於晚輩的之上，讓生命無端受累。

2、對「人為次序」的過分崇尚

人類的文化自然是有人為的次序，否則無以生存和發展，然而過分的單一次序又會導致一個文化喪失其生命力。孔子是（人為）次序的愛好者，是靈感，激情，隨意性等等的唾棄者。這似乎也迎合了中國人的性情，使中國人在文化和生活的所有領域中都變得極度的循規蹈矩，萬事不敢越雷池一步。這種對人工次序

的過分愛好，導致了中國文化的過度「程式化」，從而缺乏冒險和驚喜，顯得枯燥無味。

這種單調的風格在藝術上自然很限制人的創造力，在思想上，就更是徹底抹殺了人的創新意識。在人的智慧結構上，中國人的頭腦，雖然在「計算」上都「進化」得精緻，但在對事物的認識上都變得極度僵化。在知識的獲得上，中國人過分注重後天教育，忽略先天的優勢，一切都是跟在既存知識後面爬，無怪乎一個人——孔子——的思想就可以在中國施展「神」的威風，並且一統就是兩千多年。

3、集體主義對個人主義的奸殺

我認為傳統的中國文化和當今的共產主義思想一起，成功地謀殺了「個人主義」。真實的情況或許是，在中國文化中，個人主義從來沒有存在過。

從我個人的認識來看，個人主義是人道主義的最直接、最具體的體現。然而個人主義在中國傳統文化中，卻是自始自終地被所有文人和道德家們所忽略的人性道德。這個現象，自然和中國文明的特徵密切相關。從歷史的角度看，農業文明區別於之前的採集和狩獵文明的特點之一，就是家長制。家長制是等級制之母，更是個人主義或者說人道主義之死敵。雖然在農業文明之初

等級制為社會穩定起了巨大作用，使人類能夠定居在相對固定的地理環境從而發展生產和文化，創造文明，但在幾千年以後的今天，文明進步的標誌已從以集體的生存利益為重心的集體主義進化成以保障個體自由為目的的人道主義。所以，等級制不但不是文化先進的象徵，反而是文化落後的標誌。而在中國這個至今仍然活躍在世界上的最古老的農業文明中，原始的等級意識仍然鮮活地存在於大多數人的頭腦之中，個人主義在其任何文化領域中都幾乎無踪無影*。

更可悲的是，在中國文化歷史上，即使見了點個人主義的踪影，比如魯迅，比如紅樓夢，也都會免不了被主流知識分子曲解的命運，以服從統治者和大多數人的需要。魯迅，這個本來是從來不低估民眾愚昧的一個徹底的個人主義者，可以被曲解成共產主義的旗手，甚至被封為文革紅衛兵的先驅；紅樓夢，這部充滿了對傳統儒家文化的鄙視和對人性之天然的讚頌的文學巨著，在廣大的中國人心目中，基本上被糟蹋成一本人際關係的「實用指南手冊」。當然，這只是最簡單的兩個例子，還有很多被曲解了的作品。所以，我不得不說，中國的以儒思想化為主流的文化，是對人道主義和個人主義的奸殺。

4、精神創造領域的極度貧乏

個人主義的缺失必然導致人的個性的單一化，個性的單一化又必然導致創造力的貧乏。試想如果一個民族都「創造」一樣風格的「藝術」，都表達一樣的思想，這樣的作品，我們自然很難稱之為「作品」，而不得不稱之為「產品」。

從高中時代我就很少讀中國書了。也許這並非什麼可悲之事。正如魯迅說過「中國書要少讀，最好不讀」。這不是因為仇視中國文化，而的確是因為中國文化創造領域中的枯燥無味。中國的精神創造力的貧乏，直接源於中國知識分子的創造力的貧乏。而知識分子創造力的貧乏，又是因為——正如魯迅暗示過，劉曉波明確地指出過的那樣——中國歷史上從來沒有獨立的知識分子階層。所謂「學而優則仕」，即讀書是為了做官，知識是為了「治人」。中國的知識分子，缺乏勇氣，也缺乏獨立精神，從而只有作統治者的附庸。既然是「附庸」，自然就沒有什麼「原創」可言。

5、鋪天蓋地的甚至是病態的「悲」

在中國的文學藝術作品中大量地存在著一個色調灰暗的悲哀

氛圍。文學藝術是傳達感情的，自然可以傳達悲哀，但是，如果這個悲哀的色調壟斷了整個文風或者藝術領域，不能不認為是民族整體病態的體現。

不光是「悲」，中國文藝中的「悲」還是悲而不壯的悲，淒慘嬌弱，讓人除了同病相憐以外，得不到任何積極意義上的啟發。在我看來，悲而不壯的悲是沒有多少價值的，而「壯美」是只有在人的失敗和命運的「必然性」相聯繫時才會產生出的情感。也就是說，只有在人奮力拼搏之後仍然無法避免的不幸，才可能激發人對悲慘命運的深切同情，才可能引起人對命運的未知和強大產生深刻反思和敬畏。而不戰自敗的悲慘，都只有在進化的大波大浪中被自然淘汰的份，對他人沒有太多啟發的意義。而不幸的是，中國文藝中的「悲」，多是後者。中國人的人生失落，多是因為對權威——當權者，父母，多數人——的屈從而導致的失落，所以說是「不戰自敗」的「悲」。何以見得呢？舉個最簡單的例子，在中國傳統和現代詩詞以及當代流行歌曲中大量存在的對愛情失落的哀嘆，這些失落，大都由於缺乏勇氣，不敢大膽追求個人幸福所致。這樣的「悲」，在我個人看來是沒有多少同情的價值的。

不光在愛情上，中國人的生命的任何方面都是礙於這，礙於那，總之由不得自己。這樣的人生，自然是悲而慘之，這些「失意」，由於沒有和命運的「必然性」相聯，都沒有多少真正的悲

劇意義。在前面第一點關於「生命力的缺乏」的那一段就提到的，中國人本文從一生下來其個體生命就慘遭剝奪，從而以為生命本來就應該是如此失落的，但事實上，生命，或者個人幸福，其實是可以去追求，可以去拼搏的。所以中國文化中體現出來的這種「悲」與其說是悲哀，不如說是無病呻吟。

以上就是我為什麼少讀（現在基本不讀）中國書，並對中國文化全面失去興趣的主要原因。當然，本人任何事物都持開放態度，一旦是自己感興趣的，不管是哪國的書，都會喜歡。綜合而言，就是中國文化中的所有這些特徵都遠離人性之本。當然，筆者清楚地知道以上列舉的這些特徵自然不光是存在於中國文化之中，也存在於很多其他文化之中，但重要的是，在中國文化中，這些特徵是壟斷性的，而在西方和其他很多文化中，這些特徵是和很多其它特徵共存的。我認為正是因為這個單一性，導致了中國傳統文化在現代社會中的衰落。

中國，作為一個國家將繼續存在下去，作為一個政治權力也會由於經濟的發達而在世界上發揮巨大的影響力，但中國文化，由於上面的列出的這些原因，更加上最致命的一點：文化的單一性，將會越來越衰弱。

而對我個人來說，中國主流文化（儒家）早已死亡。

*個人主義的缺失是否使中國人成為世界上最「無私」的人呢？答案又是否定的。原因是，當人的正當個人利益得不到滿足的時候，人就要通過不正當的手段去獲取，從而填補「自我」失落的這個巨大的空缺。另外在政治上的極端民族主義和極端愛國主義，也是這個「個人自我」的失落之後的補償（參見「個體的尊嚴和集體的榮譽」）。

2012

■ 十七、不擅表揚的中國人

　　前天偶然在網上讀到的一篇文章，作者說有一次她不經意地說了句「I am beautiful」（「我很漂亮」），招來國內親戚的一盆冷水：「你不過也就一般嘛，怎麼會自我感覺這麼良好？」而同樣一句話，在美國人中卻相對經常聽見，不但不會招來冷水，反而會得到鼓勵。這問題究竟在哪裡呢？中國人為什麼這麼不喜歡「嘴甜」？讓別人高興一下就那麼困難嗎？

　　我的體會是，只有富於愛心的人，才敢於真心表揚他人。人的愛心，就像是銀行的存款，積蓄越多，拿出來時就越大方。所以，得到的愛越多的人，或者自愛越充分的人，越能夠大大方方地表揚別人；而得到愛越少的人，就會在對他人的讚美上越顯得吝嗇。原因可以理解：我自己都不夠，憑什麼還白給你？（還有一種說法就是：老子自己心情都不好，憑什麼要讓你高興？）再加上攀比心作怪，別人活得好了，必定意味著自己的失敗，所以一不小心表揚了別人後，往往後悔莫及：TMD，老子今天不小

心又虧了一把！當然，還有得到的愛很少的人也能慷慨解囊，那則是非凡之人了。

也許是在這種「文化習慣」的熏陶下，漢語中對「美好」的稱頌詞彙大大少於英文。英文中今天一個beautiful，明天一個excellent，還有marvelous，appealing, charming，glamorous，真是數不勝數，而簡單的一個「好」字（good）都幾乎是拿不出手的。然而在中文中的情況就大不一樣了。在「謙虛使人進步，驕傲使人落後」的顧忌下，好多人不但不對那些一般良好的工作成績給以鼓勵，就是面對一個非常了不起的成就時（除了那些在「攀比」的意義上和自己無關的東西以外，比如名家大師的作品），也只會「含蓄」地道出一個充滿「中國特色」的詞彙：「不錯」。更要命的是，即使好不容易用了這個「退色」的詞，都還要再打折扣：「某某這篇文章寫得不錯，但是……」「某某這張畫還不錯。不過……」

於是惡性循環開始，得不到表揚的現實，也自然讓人更加吝嗇，人人都繃起苛刻的臉，整個社會風氣如「秋風般的蕭瑟」，誰看誰都不順眼。

有人說這樣的「嚴格要求」是為他人好。真的嗎？那些對別人雞蛋裡挑骨頭的人真的是希望別人能做得更好，成就更輝煌，更讓他們自己顯得渺小嗎？我的答案是否定的。「表揚」時的「含蓄」，「批評」時的「大方」，這兩種相矛盾的態度的高度

結合，在我看來其實出自於好多人的自卑心態，是他們用來平衡自己本來不平衡的心態的一種手段：雖然自己做不出個什麼來，但絕不能讓人看低了自己，於是就在他人的成績上下功夫，把自己裝扮成師長，給人「批評」，打分，指點，總之，要給人一種自己高高在上的印象。

英語中的一個詞彙：judgmental（好評判的，好評價的），是一個貶義詞，也是一般人在生活中很忌諱的。在此，我不得不強調一個我個人觀察到的現象：我幾乎沒有遇到過任何一個其他國家的人比中國人更為judgmental了。

大凡好多在美國的中國人都對美國的表揚式教學持一種很不感冒的態度。這些人總覺得表揚式教學「對孩子不好」，「容易讓孩子們忘記自己是誰。」等等（似乎他們的孩子生來就應該覺得自己是「灰姑娘」）。對這個現像我有一個從觀察中得來的認識，就是很多中國人，由於自己從小在父母的嚴厲管教（註）下長大，沒有得到充分的愛，所以到自己做了父母時，便有意無意地從孩子身上把自己的情感損失「撈回來」。正因為懷著這樣的心態，他們看到孩子們在美國不但不受批評，反還成天被老師的「蜜嘴」誇，潛意識裡面就感到非常不受用。

當然這種對孩子極度苛刻的父母相對來說應該是極少數，但不輕易表揚人的習慣在中國人中的確普遍存在著。這個現象和中國人的含蓄性格有關，更和中國人的受教育經歷有關。如果追

根，這又要追到傳統的儒家意識形態，在此就不再贅述。

我個人不推崇不切實際的虛假的表揚，但鼓勵這樣一種態度：盡量忽略別人（和自己）在無關緊要的細節上的不完美甚至過失，同時大膽地讚美別人（包括自己）的即使不夠完美的所作所為。對成年人是這樣，對孩子更應該是這樣，因為只有在一個人人都彼此欣賞的世界，人生才會是美好的。

2011年

註：筆者絕非認為父母所有的嚴厲都是錯誤的。這裡說的嚴厲是指那種在愛的缺失下的嚴厲。

十八、從「捨身飼虎」到「割股療親」
——也說東方文化中的「自殘」傾向

　　孔子說「己所不欲，勿施於人」。此話和耶穌的一句類似的教誨一樣（do unto others as you would have them do unto you），傳達了一個人類道德的最基本的準則，可謂道德黃金律。不僅如此，我個人認為，出於平等的原則，在尊重別人的同時，我們也應該尊重自己。所以，不尊重他人的行為，也不該發生在自己身上。然而我們中國文化有一個非常明顯的特徵，就是把絕不能用在他人身上的語言（甚至行為）用於自己。比如，我們絕對想像不出把「賤內」、「拙作」、「鄙人」等等詞彙用在他人身上，因為那樣做的話顯然就是在貶低別人的人格，但中國人卻可以把這樣的詞彙用在自己身上。所以不能不說「自賤」是中國文化的一個相對明顯的特徵。

　　「自賤」主要是指在人格上的自我踐踏，還有一種更極端的類似的做法，就是「自殘」——通過傷害自己的身體來表示對他人（或物）的「敬重」。自殘的傾向不光是在中國文化中，世

界上各個主流文化幾乎都具備這樣的性質。比如印度佛教初期的「捨身飼虎」的故事等等，日本武士道中的自殺，都是非常殘酷的自殘例子。西方的基督教中也或多或少斷斷續續地有過自殘的傳統。

很早就受佛教影響的中國文化自然也具備這樣的「自殘」模式。然而，中國人沒有像印度人那樣對動物「情有獨鍾」，對中國人來說，最值得為之犧牲的，是父母。為了父母，生命都可以在所不惜，所以，古人變著花樣把「自殘」用於孝道的教訓，在《二十四孝》中寫下「割股療親」、「恣蚊飽血」，甚至「郭巨埋兒」等等這樣極度不可理喻的反人性「道德」範例。

「割股療親」實在是難以想像，然而中國歷史上仍然有著類似的傳說，民間流傳的「割股療親」的故事就不止一兩個，也難以考察是真是假。「恣蚊飽血」就是說在夏天蚊子多的時候孩子「自願地」先到床上躺下讓蚊子先咬自己，用自己的血餵飽蚊子，父母上床的時候就不會再被蚊子叮咬。這顯然是非人性——甚至動物性——的行為。「郭巨埋兒」則更是對親生兒的不可思議的殘殺。

「二十四孝」就是這樣一部反人性的道德教科書。由於中國人從小就懂得了自己是可以被踐踏的，所以在成人後對自己遭受的踐踏就非常習以為常了。好多中國人成天左一個「鄙人」右一個「小人」，久而久之就不自覺地成了被人踐踏的對象。

這種反反复复壓制人的自我本性的文化，最大的後果從社會效應上說，就是它不但泯滅了人性中的所有慾望——從暴力衝動、破壞欲到健康的激情，還撲滅了人的基本的自我保護欲，導致人性被徹底地馴化，給統治者的專制提供最好的條件；而從人性的角度來說，這個「息心滅欲」的文化還促成了人格及其複雜性和兩面性。由於人的各種天性——包括健康的衝動和慾望——的實現是人的生長發展的正常需要，而當這些需要得不到滿足時，人就不得不在其他地方尋求機會成全這些需要。所以，很多中國人被迫養成了一種通過非正面渠道的方法——或者說「歪門邪道」——去滿足到自己需要的能力。

　　「捨身飼虎」、「割股療親」，等等聽起來光面堂皇的利他主義的道德故事，和「鄙人」、「賤內」等等這些作踐自我的習慣語一樣，是一種變相的不平等的文化產物。在這樣的道德基礎上建立的「和平」社會，是建立在犧牲個體利益的基礎上的虛假的和平社會。所以，在道德上人不僅僅是要「己所不欲勿施於人」，還應該「人之不欲勿施於己」。如一句流行的格言「懂得愛自己的人，才可能真正的愛別人」所傳達的意思一樣，只有像善待他人一樣地善待自己，人際關係才可能是真正的健康平等關係，而只有建立在健康平等的人際關係上的社會，才會是真正的和諧社會。

2011年

十九、物慾橫流，誰以問罪？
——兼談文化的單一性和多元性

　　曾經無數人抱怨中國的精神文明，但總有無數樂觀者安慰道：只要經濟搞上去了，精神文明自然會水到渠成。但現在中國在短短的不到半個世紀經濟已經一躍成為名列前茅的經濟大國，中國的精神文明如何呢？中國人普遍是否開始有精神追求了？很遺憾，答案是否定的。中國人在有錢之後，還有一個非常樂此不彼「後物質主義追求」：「攀比」，或者「擺顯」。中國人掙來的錢，大約很少用到知識、道德、慈善等投資方面，更多地是用到如何滿足自己的虛榮心上面。所以中國大陸在「物質豐富」之後，呈現的是一片物慾橫流的狀態。

　　為什麼會這樣呢？很多人會把這個現象和共產主義聯繫起來。我個人認為這二者之間沒有多少關係。在我看來，中國現在的物質主義氾濫和中國傳統意識形態中的功利主義關係更大。這個功利主義，由於中國文化的單一性，從一開始就是中國的文化主流，幾千年不變，主宰著絕大部分中國人的思想。

先看什麼是文化的單一性。文化的單一性是和多元性相對而言的，指在一個文化中意識形態和價值觀念上的過於單一。這樣的「單一」往往導致精神創造力的極度貧乏。文化的多元性，是指在一個文化中多種不同的意識觀、價值觀等等並存的現象。只有在多元化的文化中，人的創造力，不管是物質上還是精神上，才會得到最大的發揮。

中西文化的最本質的差異，筆者從來認為不僅僅是資本主義和共產主義，或者基督教與儒家傳統之間的差異，而是單一和多元的差異，即：中國文化是單一的文化，西方是多元的文化。在深入分析中國文化的單一性如何導致物質主義氾濫之前，我們不妨先看看西方文化是如何「多元」的。

國內外很多人都把中國目前的狀態和英國工業時期相比。我個人認為其可比性非常低。為什麼呢？因為英國（或者歐美）的工業革命時期，雖然在表面上和中國當前的情況有諸多共同點，比如GDP的直線上升，無數暴發戶的產生，貧富分化驟然加劇等等，但卻有著深刻的內在之不同。這個內在之不同，<u>首先是歐美經濟崛起的原因和中國不同，其次是歐美文化中與當時的經濟同時崛起的精神文明。</u>

首先看歐美工業革命的內在原因。歐洲的工業革命，無疑是人類文明史上最偉大的歷史時期之一，因為它使人類從持續了一萬多年的農業文明進化到工業文明。這個工業革命的產生不是

從天而降的，而是有著長達兩千多年的歐洲多元文化的積累作基礎的。正是有無數「吃飽了撐的」不服從單一的主流意識——基督教——的科學家和冒險家，才導致了文藝復興的產生及其之後的科學發現和技術發明的崛起，並最後使工業革命成為可能。所以，歐美的工業革命，是一個從無到有的過程，是人類創造發明的結果，是西方社會從思想上層建築到社會中下層都相對多元化的必然結果。相比之下，中國目前的經濟崛起，一切都是「借來的」和「現存的」：引進技術和經濟模式，開發企業，外商投資，等等。所以，中國的經濟崛起和歐洲的工業革命的產生是完全不可相提並論的兩種不同的歷史現象：一個是發明創造，一個是（幾乎）全盤抄襲。

再看和歐美工業革命時期同期的文化環境。由於歐洲從來是一個由多元文化作背景的人文環境（大約除中世紀以外），歐美的文化中從來就充滿了不同的思想和信仰，所以即使英國工業革命的高峰時期，除了很多頭腦發熱的為人類的創造力大為驚嘆的人以外，也絲毫不缺對經濟騰飛中的物慾大唱反調的人，比如狄更斯，馬克思，恩格斯，艾默生，索羅等等（還有很多）。正因為這樣，歐美文化作為一個整體，很少被某一種意識形態所壟斷，從文化到經濟等各方面都處在一個多元因素相互制衡的狀態中，從而不會在某一條路上走向極端。

反觀中國當今的現象，不但政治制度單一，文化——尤其在

思想領域——也是單一的。更令人擔憂的，還不是今天的短暫的文化單一，而是中國長達兩千多年的文化單一，導致中國人對社會中極端的功利思潮不但見慣不驚，還視之為當然的態度。

有人可能會聽慣了中華文明博大精深之類的高調，但事實上，和歐洲文明相比，中華文明的典型特徵之一就是其單一性。而這個單一性的內在特性，就是**功利**二字。以下就分析「功利」和中國文化的關係。

功利，並不一定都指金錢，而是指一種明確的現實利益。這個現實利益可能是金錢，也可能是地位，總之一定都是現世的和短暫的。而非功利的觀念則著重於「來世的」、「永恆的」和「理想的」等等理念。所以功利主義，是和正義、理想以及道德等等精神文明的內涵無關的一種倫理價值觀。

明確了「功利」的概念，再看對中國人的意識形態影響最大的兩個哲學體系：儒家與道家是如何和「功利主義」相聯繫的。這兩家學說的中心，雖然在表面上有精神內涵，比如「孝」，比如「無為而無不為」，但其實都圍繞在人的現實生活領域：儒家是關於治國平天下；道家是為了養生（包括「養心」，但身心合一，二者沒有高低）。儒家和道家這兩種觀念，基本構成了中國古代思想遺產和中國人精神世界的全部內容。雖然從印度傳來的佛教似乎比中國的本土文化更具備精神因素，但後來也很大程度上道教化了，或者說中國化了。

當然，道家和儒家思想都沒有教人貪婪，但一個非常重要的事實是，兩者都暗含一個觀念，即：對任何與現實利益無關的東西的追求，都是毫無意義的。因為不管是在儒家倡導的「順從」的理念中，還是在道家強調的「出世」（對現實的迴避）理念中，都不鼓勵，甚至反對人的純理性追求，或者說，對客觀真實（註1）的追求。殊不知正是這種「無用」的追求，比如希臘的理性精神，基督教的「神性」、「超越」等概念，才最終導致了西方文明的崛起。

　　儒家思想中自然也存在著很多「道德」教訓，但這些教訓的內涵仍然是功利的。這是因為，儒家的道德核心「孝道」絕非是公平的道德觀，而是朝向長輩一邊倒的主觀的人為「道德」。從歷史的角度看，孝道是家長制的產物，而家長制又是農業文明的產物。在農業文明初期，這個家長制無疑是起了非常積極的作用，因為它發揮了穩定社會的巨大功用。這個「穩定」的功用在人類進入文明之後是生產力和社會文化得以迅速發展的最重要的因素之一。然而，雖然適當的家長制可以促進當時的文明發展·，而長期的過分的家長制，卻會成為對社會發展的阻礙。當孝道——這個朝向家長一邊倒的觀念成為道德權威時，其功利目的就暴露無遺了。這個功利的目的就是：抹殺人的個性激情，從而使人能夠毫無抵抗地服從權威（或者家長，或者統治者），以達到「平天下」——那個屬於少數統治者和文化精英的天下——

的目的。所以儒家思想並非嚴肅的對現實和人生施以客觀而理性考察的哲學，而是一種為現實目的服務的倫理體系。這就是儒家思想的功利內涵。

再看道家。道家的本質是完全反功利的，可以被理解成一種非常積極的人生觀，比如如何順應我們的天性，以使我們的生活更加和諧，更加富於創造力，等等。然而道家的這一面卻並不是廣大中國人對道家的理解。在一般的中國人中，道家更是一種在思想上反理性的宗教——道教，在現實中極其講究實用的養身學。中國歷史上能從超越世俗的角度去理解道家的基本上局限在少數人的範圍，如藝術家和詩人等等，而在一般人中，道家的影響是迷信的和功利的，比如養生術，比如長生不老等等，導致很多人只追求在肉體上如何自我保存。而道家的反理性主義態度，無疑在很大程度上縱容了中國人的思想懶惰，加劇了中國思想界的單一化。所以從整體上，我認為道家對中國人的影響仍然是極度消極的，它甚至鼓勵了一般中國人在物慾方面的過度追求。

從上面的分析我們可以得出結論說，在中國人的精神領域中，幾乎沒有太多的精神因素。中國傳統中沒有「上帝」的概念，因為中國人根本不關心這個世界的由來問題。在中國人的精神世界裡更沒有真理觀、科學觀和公正觀，因為所有的這些，都是和功利主義觀念相悖的。中國人只關心一個問題，如何「活」的更好（之所以給這個「活」字打引號，是因為這個「活」的概

念只包含了人的現實需要的一面，忽略了精神需要的一面）。

　　這就是為什麼在上個世紀80年代再度打開國門時（註2），中國社會幾乎是迫不及待地擁抱了資本主義中的金錢觀，而被傳統的道德教條半遮掩著的物質主義終於由此徹底被「釋放」。這也解釋了為何當今中國在共產黨的統治下也仍然能吸收與之如此對立的資本主義經濟制度：因為它其實更符合中國人的傳統「品味」。所以中國雖然走的是「社會主義道路」，但為了生存發展，中國社會可以「拿來」和共產主義格格不入的資本主義的經濟制度，而在社會體制上繼續保留封閉的傳統意識和共產主義相結合的一黨專制。

　　關於共產主義，其實它非但並不鼓勵物質主義，還曾經極大地鼓勵了一番中國人的「精神文明」。比如在50年代，中國人幾乎就經歷著西方中世紀的「清教徒式」的生活方式──極端的物質貧窮，狂熱的精神激情。當然，那樣的洗腦帶來是更大的愚昧，因為它是建立在統治者對國民的欺騙的基礎上的。無論如何，中國人的物慾還是無法歸因於共產主義。如果物慾和共產主義還有一點關係的話，那就是中國在80年代改革開放前的極度貧窮。然而，中國人對貧窮其實從來不陌生。普遍的貧窮並非只出現在當代，而是一個歷來就存在的歷史現象。中國歷史上的每一次農民起義，每一次改朝換代，幾乎都和「飯碗」有關。但在起義成功，江山太平之後，中國卻從來沒有迎來過多元化的文化狀

態。即使是春秋戰國那個百家爭鳴的時代，也只是和中國自身相比而言顯得相對多元化，和同期的古希臘相比仍然是比較單一而蒼白的。

所以我認為，中國目前的物慾氾濫的真正罪魁禍首，恰恰是看似精深的古文化：一個沒有豐富的精神追求的單一的功利主義傳統。如果我們對中國的未來抱樂觀態度，認為現在中國的物慾橫流狀況是暫時的話，那麼我們不妨反思一下中國這幾千年的文化單一性和中國人的現狀之間的關係，從而不難認識到，只要這個意識形態的傳統不改變，中國人的物質主義人生態度就不會改變。

當然，我們也可以再追究的深一些，那就是人的貪婪的本性。然而，雖然貪婪的本性存在於人類所有人種之中，在多元的文化環境下卻能得到適當控制，而雖然中國也不乏知足的清貧之人，但功利主義觀念卻早已成為絕大多數人的人生觀，以至於物質上的貪婪成為可以被主流理解和接受的「人性之自然」。

所以我認為當今中國的物慾橫流狀態的病根不完全在於製度，而更在於功利主義的文化傳統。只要中國的文化單一結構不被破壞和重建（「破壞」是「重建」的前提），中國的現狀——包括制度和社會道德——就不可能得到根本得到改善。

2011年

第二輯
中國文化尋根

一、文化的影響與進化的必然
——奴性成因試探

（前註：為了避免出現理解上的混淆，筆者對本文的一些基本詞彙作了相對清晰的定義，附在文章最後。讀者如覺得必要可以先跳至最後先讀詞解，再讀正文。）

序言

作為一個在中國生活了三十年的人，筆者對中華民族的負面性格特徵——所謂的「劣根性」——做過一些思考，基本認可其廣泛存在的現實。本文的目的，不再是證明這些負面性格特徵的存在與否，而是試圖找出它的成因，並在這個黑暗的文化背景中為人性找一條光明的出路。

1、奴性在中國的普遍存在

「任憑你愛排場的學者們怎樣鋪張，修史時候設些什麼「漢族發祥時代」「漢族發達時代」「漢族中興時代」的好題目，好意誠然是可感的，但措辭太繞灣子了。有更其直捷了當的說法在這裡——

一、想做奴隸而不得的時代；

二、暫時做穩了奴隸的時代。」

——（魯迅《燈下漫筆》）

「中國數千年之腐敗，其禍極於今日。推其大原，皆必自奴性來。不除此性，中國萬不能立於世界萬國之間。」

「數千年民賊之以奴隸視吾民。彼之以奴隸視吾民，猶可言也，吾民之以奴隸自居，不可言也。」

——（梁啟超）

什麼是「奴性」？簡單地說，奴性就是奴才的本性。那麼什麼是「奴才」？奴才就是甘願做奴隸的人。從這個簡單的定義可看出，「奴才」非「奴隸」，後者是不得已為之，前者純屬自願。所以，更準確的定義是，「奴性」是一種甘願做奴隸的本性

（參見「『孝』的『孫子』效應」）。

如果把一個人待人處世的基本特徵稱為人格特徵的話，奴性就是人格特徵的一種。如果把一種在一群人中普遍存在的人格特徵稱為民族性的話，奴性（有所爭議地）是中國人的民族性或國民性的一種。而如果奴性——這個人性中最低劣的一種屬性——成了國民性時，不能不說是一個巨大的民族問題。而要解決這個問題，我們首先要做的就是尋找問題的根源。這正是本文要探討的問題。

人性的形成，大凡有兩方面的原因，一是人為的後天培養，二是先天遺傳。這兩者孰輕孰重，學者們爭論不清，但不可否認的，是兩方面的因素都同時存在著。人的「後天培養」主要是文化的作用，「先天遺傳」則是基因的作用，所以，奴性在中國人中如此普遍的存在，筆者認為應該是「文化」與「進化」這兩者交叉或綜合作用的結果。以下邊分別就這兩個特點作具體分析。

2、奴性形成的文化因素

由於人是群居動物，所以不可避免地，我們每個人都或多或少地受了我們所處的文化環境的熏陶。什麼是文化？文化的定義可以非常繁瑣，但簡而言之，它可以被理解成一個群體（民族，國家，部落等）在精神領域中創造的各種財富的總和。文化包括

宗教信仰，意識形態，文學藝術創造等等。不過本文強調的，是在文化的所有項目中對人的行為影響最大的那一部分：倫理道德部分，或者說一群人共同遵守的道德行為準則。正是這個道德準則，影響甚至決定了一個群體的共同行為特徵，以及這個群體在文化創造的其它方面的特徵。這個準則主要體現在意識形態之中。所以，「意識形態」，將是本文在提及「文化」一詞時的中心含義。

　　人，雖然作為個體都有各自不同的思維方式，對世界持有各自不同的看法，但作為一個整體要延續，往往需要有一個能凝聚所有個體的思想意識，即「意識形態」。意識形態的最主要的表現形式之一，就是宗教。筆者認為宗教有兩層含義，其一是認識層面的，即：人對自然或「超自然」現象的主觀理解或（一廂情願的）解釋；其二是社會功能層面的，即：凝聚一群人思想的方式。中國歷史上雖然基本沒有認識層面的，或者說「神」的意義上的宗教，但和任何一個其他社會一樣，具備「社會意識形態」功能的宗教，這就是通過儒家思想意識體現出來的「祖先崇拜」。

　　在對人格的培養（或者影響）上，如果說西方基督教最大特徵是導致人的原罪感，在上帝面前的謙卑感，在人與人之間的平等意識，中國的祖先崇拜的最大特徵則是人在長輩和祖先面前的低賤意識，導致人之間的不平等感。在基督教或者其它的一神

教中雖然也有不平等關係的存在，但由於其最高的權威是抽象的「神」，所以在具體的人面前，大都持一種相對平等的人格關係（「不平等」其實是人類從進入文明以來的共同特徵，在此說某些文化中人之間的「平等」其實只是一個相對概念）；而在祖先崇拜中，最高的權威是「人」──祖先是「人」，長輩也是人，所以在祖先崇拜的文化中，人所畏懼，或者說在精神上依附的不是抽象的「神」，而是具體的人。這種認識在現實中必然導致人際關係中的貴賤意識和權威意識。所以祖先崇拜對社會的影響，首先就是人之間的不平等關係。

如果把祖先崇拜看成宗教，那麼「孝道」則是這個宗教的教條，或「儀式」，即在生活中的具體實施法則。筆者認為，中國人的幾乎一切惡習，中國文化中陰暗面的絕大部分，都來源於孝道對人性的扭曲。也許有人會不理解，孝敬父母難道也會有錯？的確，筆者在生活中見過很多善良的中國人，他們都「孝敬」父母。是的，如果孝道就是那種對父母的理解和愛的話，孝道是沒有任何錯的。然而，根據我個人的理解，「愛」絕非孝道的實質。孝道的實質是晚輩對長輩的絕對「服從」。「孝」離不開「順」，而一個「順」字，就說明了孝道的核心：馴服。中國幾千年的倫理道德教訓中，雖然也有愛護晚輩的教導，但絕大多數的說教，都是針對長輩對晚輩的權威，以及晚輩對長輩的依順。

正是在孝道傳統中的這種不公平的人倫關係，注定了在中

國文化歷史中的「家庭奴隸制」：「主人」（長輩）和「奴隸」（晚輩）的不平等關係。這個關係注定了中國傳統式的對兒女的培養過程其實是一個對人性的「馴服」過程。而由於人在童年期的脆弱，離開父母便無以為生，所以兒女大都是不得不——最後心甘情願地——「依順」自己的父母。這個過程的結果就是奴性的形成——把壓抑自我，依順他人看成社會的自然規律，並無條件接受之。如果讀者有異議，不妨留意一個中國文化的「特產」：把「孫子」一詞當成「奴才」的代名詞（參見《「孝」的「孫子」效應》）。筆者認為這個文化現象本身足以說明「家庭奴隸制」在中國的長期存在。所以，雖然孝道在文明初期起到了穩定社會的作用，但在對個體的培養上是「馴化」——把一個稟賦著自然的創造天性的人，從生命的一開始就進行人為的馴化。

正因為孝道確定了中國的「家庭奴隸制」，而家庭，又是社會的最小單位，所以中國社會長期以來自然是專制的最佳土壤。如果沒有西方文化的侵入，民主，幾乎不可能在這個社會的內部自然生根。

祖先崇拜還導致中國幾千年中在知識上的重複和單調。這種「祖先最偉大最智慧」的認識，導致後人在智慧的成長上不注重從自身，以及從自己對外在的直接觀察上直接領悟，而是被動地依賴祖先的遺產。所以絕大多數的中國知識分子在對知識的認識上也具備著不自覺地「奴性」，或者說「權威理性」，即：只

有權威者才有思想或者表達思想的權力。這導致了中國幾千年在知識上的毫無創造性。個性天才，尤其在思想界，是極度罕見。其實這個事實很簡單：天才是天造的，這個極端強調「人為培養」——先輩或他人的培養——的文化自然不可能成為「天才」的土壤。

知識上的權威理性，人格上的奴性，就是這個以祖先崇拜為特徵的倫理意識——儒家思想文化——導致的結果。所以，筆者認為，中國人中處處可見的奴性和中國的傳統文化有著直接的因果關係。或者說，這種把祖先和長輩凌駕於活人和晚輩之上的文化本身，就是「奴性文化」。

3、奴性形成的進化（歷史）因素

前面分析了中國文化如何影響了中國人的人格發展，接下來筆者試圖從歷史，或者說「進化」的角度分析為何在中國出現了這樣的文化，以及這個文化如何又反過來成為中國人進化的環境，導致經過了幾千年的文明史後，奴性漸漸成為在中國人中非常普遍的人格模式。

如果我們承認中國文化對中國人的人格的影響，可能好奇心重的人會問，為什麼中國人在這片土地上創造了這樣一種文化？筆者認為，答案是在歷史中，或者說在進化演變的過程中。追根

溯源，中華民族和世界上任何其他民族一樣，受大自然母親——地理環境的製約。

a、自然環境是文化的決定因素

　　人類雖然是智慧動物，但進化至今，卻不能，或許永遠都不能揭開宇宙之秘。誠然，這個事實並不會阻礙人對大自然的探索，不會阻礙科學的不斷進步，因為人的好奇心會盡一切努力使自己離宇宙和生命的真相越來越近。迄今為止，筆者認為進化論是離生命「真相」最近的科學發現之一。進化論的最基本論點之一，就是「自然選擇」。「一方水土養一方人」，這句中國古老的感性格言，似乎「不經意」地表達出了進化論的基本觀點。

　　由於文化受生存方式的影響最大，而生存方式和地理環境又有最直接的關係，所以我們不難推斷出這樣的觀點：文化的終極決定因素是地理環境。從歷史的角度看，地理環境決定了人的生存方式（或生產方式），比如靠近河流的土地肥沃之地適合農耕，靠海的地方產生漁業和航海，而地帶開闊，適合牲畜生長的地方則是游牧民族的家園。那麼，這些不同的生存方式是如何和文化相聯繫的呢？答案很簡單：多元的生存方式（農耕、游牧、經商、海盜等等相結合）容易使人形成開放的意識，產生多元的開放文化（比如地中海沿岸的中東和歐洲）；單一的生存方式容易使人產生靜止不變的意識，形成單調的封閉文化（比如埃及、

中美洲、印度和中國等等）。這個規律又是因為一個簡單的道理，多元的生存環境讓人看到豐富多彩的現實，從而導致人的開放意識；而單一的生存環境中讓人看到一成不變的現實，從而導致人的封閉的意識。所以，筆者毫不懷疑，中國這樣幾千年不變的意識形態，「罪魁禍首」其實在於中國的地理位置：這個東面臨海，西面靠山的地理環境決定了中國和歐亞大陸其他文明的分割和孤立，從而導致延續了幾千年的單一農耕生存方式，導致幾千年不變的文化意識結構。

從意識形態的角度看，農耕文化和其他文化——比如游牧、海盜文化等等——相比較，最大的特徵就是固守現存次序的思維方式。在農耕的文化環境中，對既定權威和知識的服從，是在這個文化群體中起凝聚作用的最重要因素。筆者曾經做過這樣的思考，游牧或海盜民族的生存方式是四處遊走，哪裡有生存的機會就往哪裡去，加之既存知識不一定適合新環境，所以在這些民族中，年輕人旺盛的生命力之重要性，大大超出了祖先或者長輩的既存知識的重要性。所以在這些群體中孝道很難生根；而在農耕文化中，由於大家都固守一片土地，幾百年甚至幾千年，人們所面對的現實都一成不變，於是既存知識就變得非常重要了。所以在農業文明中，「薑總是老的辣」，老年人的威望，對既存知識的依賴，對權威的服從，都是社會人際關係中的最重要的一環，更是社會穩定的決定因素。由此，在中國這個農耕文化一貫始終

的土地上，出現祖先崇拜實在是非常自然的事情，而由此導致的不平等的人際關係也必然被道德化和絕對化，孝道也由此而生，成為中國人的道德第一律。

b、「文化選擇」──文化環境對人的「人工選擇」

文化雖然是在自然進化中的「人為」創造物，是進化的結果，但文化一旦形成，它不但反過來影響人，還「選擇」人，成為一種對人有「選擇」能力的「自然環境」，最終導致只有適應這個環境的人才能生存，甚至存活。

熟悉進化論的人都知道，在達爾文的理論中，除了「自然選擇」（Natural Selection）以外還有「人工選擇」（Artificial Selection）。以飼養奶牛為例，最初本來只是有些母牛產奶量高，有些母牛產奶量低，然而對牲口具有生殺之權的人發現了這個現象，在馴養過程中只把那些產奶量高的母牛用於產奶業，產奶量不高的都用來做食用肉食。久而久之，這些專門用於為人類產奶的牛──「奶牛」就在人工選擇下以「種」的形式出現了。同樣的規律，也發生在文化對人的選擇上。人最初沒有「種族」的區別，都是各種性格的混合群體，但久而久之，不同的文化對人進行「再選擇」，加上之前的「自然選擇」，終於導致了種族之間的差距越來越大的現象。

如果我們把人的性格（或性情）歸於先天基因的話，人類

的先天基因是極其豐富的，由此人的性格也是豐富多彩的。也正因為這個多樣性，人類才能在世界各地的不同自然環境下生根發展。我們可以想像，在文明之初或之前，幾乎任何一群人（部落）中都存在著具有各種性格的個體。然而，久而久之，由於某些自然條件只允許，或更適應具有某種生理或某種性格特徵的人發展，所以具有這些特徵的人就更能夠在這些地區生存，最後發展出具有某種特徵的文化。之後，這些文化又反過來對人施展「自然選擇」的功能，使那些具有被這種文化鼓勵的性格的人才能生存，或者才能生存得更好；而不具備這些性格的人，他們或者被這個文化以各種方式強行杜絕，或者在這個文化中「自然地」慢慢被淘汰掉。

最明顯的「強行杜絕」的例子就是古希臘的斯巴達，由於這個文化崇尚武力，崇尚強壯的體魄，嬰兒生下來後如果不符合體力標準，都會被活活地拋棄。所以斯巴達這個城邦人人都體格強壯，成為希臘「諸侯」中最勇猛善戰的城邦。文化的「自然淘汰」的例子可以在中華民族中看到：漢民族在文明之初也是勇猛善戰，不乏強悍之士，但這個文化後來由於某些原因開始「尚文抑武」，漸漸地，那些文質彬彬的男士更能受到社會的提拔，更能討配偶喜歡，久而久之，這個民族中體格強健的人數比例就會漸漸下降。中國歷史也證明了這個現象：最初還能和北方游牧民族抗衡的漢族，漸漸變得不堪一擊，在後來的一千多年的較量中

屢戰屢敗。而目前的中國,「腎虛」就是「國病」。

在此我們可以把這個文化對人的選擇功能定義為「文化選擇」。中國歷史在「文化選擇」這一點上是毫不含糊的。在這個最崇拜「人治」的文化中,幾千年來,以人類能夠想像出來的最極端的手段對不同思想進行排斥,對叛逆者進行懲罰。焚書坑儒,株連九族,各種難以置信的酷刑,都是這個「文化選擇」的種種「有效」措施。試想在文明之初,中華民族是具備著各種性格基因的混合體,久而久之,只有那種具備溫和、馴服,或者獨斷專行的性格才能在這個土地上找到自己的空間,而那些稟賦著叛逆、開放、獨立等等性格的人,往往或者不得志,或者被滿門抄斬。於是漸漸地,這個土地上就越來越單一化,具備馴服人格的人越來越多,奴性漸漸成了中華民族的民族性。

至此讀者不難看出,不但是奴性,任何一種文化特性,或者民族差異,都一方面是「自然選擇」的結果,另一方面又是「文化選擇」的結果。這也是人類雖同出一源,但卻漸漸地在發展過程中產生越來越大的民族差異的根本原因所在。

4、民族的出路

以上就是我對中國人的奴性,包括民族性的根源的總結。如果我們承認祖先崇拜和孝道中的「非人性」性質,自然就會看出

這個文化對人性的「反作用」，並在在幾千年的過程中漸漸改變中國人的天性，導致奴性在中國的普遍存在的事實。理解了這一點，我們完全可以理解為何魯迅認為兩句話就可以概括整個中國歷史：「一，想做奴隸而不得的時代；二，暫時坐穩了奴隸的時代。」（魯迅「燈下漫筆」）。

是的，中國的這個所謂的文化，是「吃人」的文化，因為它「吃」掉了人性，成全了奴性；因為它崇尚的是死人、老人及死亡，而不是活人、兒童和生命；因為它在知識上推崇的是模仿，而不是創造。就這樣，幾千年來，華夏這片土壤孕育了一個最沒有生命力的，也最病態最蒼白的民族（之一）。

如果我們把不同文化的根源歸於地理環境的話，那麼，華夏文明產生出這樣的文化也不是中國人之過錯，而是大自然選擇的結果，是進化的必然。這自然是很無奈的現實。那麼，這個民族還有出路嗎？恕我直言，如果民族的出路意味著中華民族的在世界的「崛起」，意味著中國傳統文化在世界上受到他人的「仰視」，意味著在中國這個國家萬事都必須具有「中國特色」，那麼，筆者認為這個民族是沒有出路的。這是因為，1，幾乎沒有一個民族或文化能永遠地在人類歷史舞台上唱「主角」。進化的歷史，是不斷淘汰的歷史，所以物種或民族被淘汰是完全自然的現象。生命有生有死，人類也一樣；2，人類發展的方向，是民族化的削弱，「世界化」的加強。今後的世界，將是一個「大同

文化」的世界，這個「大同文化」「選擇」的，將是具有個性的「人」，而不是具有「民族性」的「中國人」，或「美國人」。

翻開歷史，我們可以看到，古老的埃及文明，在單一不變文化中存活了幾千年，最後消亡了；中美洲的幾個文明，都因為極度的文化封閉性，最後或者自身自滅，或者不敵西方文化的入侵而終歸於滅亡。除了這些明顯的例子以外，如果再仔細觀察，人類史上還有數不清的被人遺忘了的銷聲匿蹟的大大小小的文明和文化。人類歷史不斷地在向我們證明，封閉的自然環境必然導致封閉單一的文化特徵，而單一的文化特徵必然使該群體在歷史進化中漸漸失去競爭優勢。我們必須看到這個簡單的進化科學事實：由於大自然條件千變萬化，只有性能多樣的生物群體，才可能應付多樣化的自然選擇，而性能單一的生物群體，一旦自然條件發生變化，將因無法適應新的條件（或挑戰）而滅絕。生物的進化遵循這個規律，人類文化也一樣。華夏文明至今還存在，得益於這片土地的遼闊及其優厚的自然條件。然而，儘管土地肥沃而遼闊，它的生存方式是單一的，它和世界其他文明是相對隔離的，所以經過幾千年的人為糟蹋，這片曾經富饒的土地已經遍體鱗傷，而延續了幾千年的文化意識，也在充滿生命力的西方文化面前顯得蒼白而無生命力。所以筆者認為在開放的多元文化衝擊下的今天，中國「文化」已經早已腐爛不堪，甚至早已死亡。

歷史的進展如「大江東去」，「大浪淘沙」，舊的不去，

新的不來。淘汰，是自然現象，沒有什麼值得可悲的。華夏文明，沒有任何理由，也沒有任何可能性能永遠地「屹立在世界的東方」。然而筆者認為，民族沒有出路，並不等於「人」沒有出路；中華民族沒有出路，並不等於中國人沒有出路。古埃及文明滅亡了，埃及人至今還存在；古希臘文明消亡了，希臘人還活著。並且，即使某一個民族都消亡了，人類還會繼續（雖然也許終久會消亡）。所以，「民族文化」的消亡，不等於「民族」的消亡，或者說不等於「人」的消亡，更不等於生命的消亡。而反觀那些消亡的了民族，無論大小，都有一個特點：死抱自己愚昧的傳統，拼命抵抗先進文明或先進文化。其實，文化是人建的，如果願意，人也可以把它推翻。如果一種文化適應人的發展需要，人就應當保持它，而如果它不再適應人的發展需要，人就應該——甚至必須——把它拋棄。所以，如果中國人繼續抵抗先進的外來文化，繼續頑固地在幾千年前的老祖宗早已腐爛的「屍體」上「淘金」，繼續用幾乎沒有任何營養價值的祖先的「遺產」來滋養自己的生命，前途將是黑暗的；而如果放下民族傳統的包袱，忘記如何作「中國人」，快樂輕鬆地做「人」，前途則是光明的。

是的，只有讓「吃人」的文化死去，生命才能延續，中國「人」才有出路。

結語：世界大同的明天

　　人類從非洲走出來，在世界不同的地方各自為陣，發展出不同的文化和文明，很自然地形成了文化和文明之間的競爭。然而，當歐洲文明在近代的擴張中把世界再次變小，人類又再走到一起時，如果還繼續抱著夜郎自大，互相攀比的態度，是非常愚蠢的。此時，各個文化中的人都應該將關注的焦點從自身民族或國家的利益轉移到人類共同的利益上來。歐洲人之所以在近代崛起，就是因為他們絕不做自己祖先的奴隸（不要忘記美國的誕生就是「兒子」對「老子」的叛變），並在競爭中包容並接受了其它各種文化的優點。非但如此，歐洲文明在擴張過程中，他們也不光是侵略和消滅，更有包容和共享，以及人道主義的傳播。

　　在美國生活了很多年，筆者無法忽略這樣一個事實，就是這個文化之所以在近幾百年走在人類歷史的前列，就是因為它對「民族」、對「文化」等等這些概念的逐漸淡漠，而對人的共性的逐漸重視，從而導致這個文化的包容性。美國從建國時對祖國——英國——的背叛，到後來奴隸制的廢除，再到人權運動的興起，這個文化其實就是一個不斷擺脫自身「文化特色」的文化，一種沒有「文化」的文化。在這個文化中，個人的不同漸漸不再遭到排斥，而人之間的聯繫的紐帶，漸漸不再是共同的「文

化傳統」，而是「人性」和「愛」。

　　所以，在世界變得越來越小的今天，只關注「中國人」、「日本人」、「美國人」的問題，是鼠目寸光，終將導致自取滅亡；而只有關注「人」的問題，看到人類的發展方向，才能走向世界，成為「世界族」的一員，和各國各民族的人一起共建並分享一個人類大同，充滿和平與愛的明天。

2013年

■ 二、解析「民族群體妄想症」

1、從「妄想症」到「群體妄想症」

現代心理學中有一種心理疾病叫「妄想症」（Paranoia），它的特點就是患病者總是感覺有人要迫害他們。這些患病者會為一些在他人眼裡根本不存在的「危機」而成天處在一種不安寧的精神狀態之中。嚴重的患者往往會把幻想的威脅看成真實，最後主動出手傷害他人，使自己從幻想中的「受害者」變成為實際的施害者。（作為一個懸疑小說迷在此我不禁要提一下，一些現代西方的心理懸疑小說都運用這個模式，在小說的結尾故事的主人公成為了真正的兇手。）

如果一個群體的人中大部分都有了這樣的症狀，就是「群體妄想症」。比如「新中國」之後的群眾運動。這些運動都有一個共同的特點，就是很多人聯合起來以實際的行動去傷害甚

至殘殺那些幻想中的「敵人」，比如「反革命」、「臭知識分子」、「地富反壞右」。殘害這些人的理由就是這些人是潛在的「危險」，如果不把他們消除，以後「廣大勞動人民」就要「遭殃」。當然結果是本來平安無事的「廣大勞動人民」團結動起手來把本來毫無威脅的「敵人」以各種手段統統「消滅」了，導致了一場巨大的民族悲劇。這就是典型的「群體妄想症」。文化大革命的之所以如此「成功」，就是因為中國人中廣泛存在的這個「群體妄想症」。如果沒有這個群體心理作為基礎，毛澤東一個人有天大的能耐，也不可能使文革運動產生如此「天地翻覆」的效應。

歷史中群體妄想症的例子比比皆是，從中世紀歐洲的各種宗教群體之間的殘害和戰爭，到現代歷史中的各次世界大戰，以及由意識形態挑起的大規模迫害——如蘇聯的清洗和中國的文革等等。

個體的疑病症原因會各個不同，但當一個群體都出現同樣的症狀時，答案應該是深埋在歷史和文化中。筆者認為，普遍存在的「妄想症」多是源於一種群體「生存危機感」，而這個群體的生存危機感最容易出現在長期落後而封閉的文化群體中。

2、「生存危機感」的歷史根源

在此首先解釋一下「文化群體」、「落後」與「封閉」的詞義。「文化群體」指以一個相同文化聯繫起來的或大或小的人類社會。「落後」在歷史學或文化學中有不同的解釋，也存在很多不一致的爭論，但在本文中主要指經濟和生產力的落後，即生產力過於貧乏以致於不足以提供該群體所需要的物質供給。「封閉」是指一種由於長期和其他文化缺乏聯繫溝通而導致的孤立狀態。

在任何一個文化群體中，一旦生產力提高之後，人口必然增長，而由於人口的增長速度大大超過生產力的發展速度，在一定的時間階段之後，物質供給（自然資源和生產力創造的物質資源）必然會無法滿足這個群體的需要，從而引發該群體的生存危機。這個簡單的原理就是馬爾薩斯人口危機論的全部理論基礎。

解決這個矛盾的方式大致有以下幾種：1，提高生產力；2，開拓新的生存空間；3，群體內相互殘殺（自殘）；4，自然災害；5，群體人口的文明素質的提高（歷史證明人口的文明程度與繁殖率成反比）。當這五點都失敗時文化群體就會自行滅亡。歐洲文明因其特殊的歷史和自然條件，在中世紀和近代相互殘殺了一千多年後成功地做到了（或者說基本做到）前兩點，並在當

今達成人口的文明素質的普遍提高（第5點），創造了相對和平的現代文明。其他很多在封閉環境中的文化或文明多因為「無處逃生」，或者被自然災害進行自動調節，或者（或多或少地）採取第三種措施：自相殘殺，甚至還有更加無奈的情況：自然消亡。

因環境封閉而自行滅亡的人類文化群體數不勝數，還有很多都無從知曉了。最明顯的例子就是複合節島上的文化，以及南美洲的多個自生自滅的早期文明。從個體到群體的自相殘殺的例子更為普及。最典型的就是普遍存在於史前——甚至存在於文明史中很長時期——的「殺嬰」現象：當生下了太多無法供養的嬰兒時，父／母就殺掉嬰兒。自相殘殺也體現在很多文化群體的習俗中。我們常常對一些民族——包括我們中國人自己——的習俗不解，比如日本人的剖腹自殺，印度的薩蒂（Sati），中國女人的纏小足等等，筆者有理由認為這些都是一種由群體心理危機導致的群體病態行為。最過分的大約是中南美州的活人祭祀（阿茲特克人（Aztec）在1487年一次天災之後活人祭祀的人數到達八萬之眾，參見維基）。

中國這片土地的確曾經資源遼闊，滋養了華夏文明，然而，由於它和其它文明的隔絕（雖然隔絕的程度不如中南美洲），華夏民族自古以來就具有強烈的「生存危機感」。事實上，在中國人中流傳了幾千年的「多子多福」，「不孝有三，無後為大」的

這個傳統理念本身，就是生存危機感的「精神副產品」。從歷史和進化的角度看，越是低級的生物，由於存活率低（生存能力低），不得不通過高繁殖率來保障後代的延續，而越是高級的動物，由於存活率相對高，不需要依靠高繁殖率來保障物種延續，其生殖率反而降低。人的文明發展也一樣，越是在文明的進程中處於落後狀態的群體，生殖率越高，人們越是受生兒育女的拖累，而越是發達的文明中，生殖率越低，人的生活中心也從繁衍後代轉移到個人的生活質量上。這個規律大約也是大自然的一種自我調節，以免某一種類生物的總數和其它種類比例失調。歷史學家Will Doran在《文明的故事》第一卷中這樣說道：「在動物世界中，父/母對子女照顧越多，繁殖力和死亡率就會隨之下降，在人類中，隨著文明的提升，生殖率和死亡率也隨之下降」（「Throughout animal world fertility and destruction decreases as parental care increases; throughout the human world the birth rate and death rate fall as civilization rises.」）（*Story of Civilization, Part I, Our Oriental Heritage,* Simon and Schuster, 1954, page 30.）

　　從這個規律我們不難看出，中國的多子多福的理念，在潛意識中其實是一種不安全意識的體現，即：由於生命的存活得不到保障，才把希望寄託在「數量」上，以保障生命的延續。由於「多子多福」的傳統理念，中國人一旦在生存不受威脅時都積極地投身於「傳宗接代」，所以人口迅速上升，導致人口和資源供

給之間的矛盾迅速激化。這樣的結果自然是吃不飽的人揭竿而起，導致天下大亂。大亂之後人口大幅度削減，人口和資源的矛盾暫時緩解，出現天下太平的景象，於是人們又開始積極地「傳宗接代」，新一輪的惡性循環便由此而生。如此循環，華夏民族就這樣在一個封閉的環境中掙扎著原地踏步了幾千年，以至於到20世紀還在上演殺嬰包括殘害親生兒女以及人吃人（大躍進和文革期間）的悲劇。

在中國這個封閉的環境中，大家都認識到「天下」就這麼大，「時候」一到，不是你死就是我活，所以生存危機永遠都沒有被消除。不管儒家經書上如何說，不管共產主義如何教育，深埋在華夏民族心靈中的是「與人為敵」的強烈的生存和競爭意識。共生理念、人道主義、利他主義等等這樣的思想作為群體意識形態基本上不可能在中國文化中生根。其實不奇怪，如果我們理解到像科學、人道主義意識等等這樣的人類高級精神活動需要在生存危機消除之後才能得到發展，我們就可以揭開幾千年中國文明始終沒有發展出科學和理性精神的謎底：因為華夏文明史的一治一亂是完全相同的重複循環，華夏文明在近幾千年中沒有任何實質上的進步，所以「中華民族」這個群體從來沒有真正擺脫過生存危機。是的，在21世紀的今天擺在中國執政者桌面上的論題還是和五千多年前的文明之初一樣的問題：「吃飯問題」。

3、「生存危機感」、「生存焦慮」及「妄想症」的心理根源

　　「生存危機感」是一種對威脅自身生存的各種可能性的擔憂和恐懼。任何一種對將要發生的不祥之事的過於擔憂和恐懼在心理學上都被診斷為「焦慮」（Anxiety），所以我們可以把這種生存危機感稱為「生存焦慮」。人在真實的威脅面前產生這樣的焦慮是自然的，比如面對一頭飢餓的猛獸，比如失業、疾病等等，但在沒有任何實際威脅的情況下而焦慮，就是心理疾病，所以叫「焦慮症」。

　　「焦慮症」產生的原因主要是因為人的心理定勢。心理定勢也可以理解為一種心理慣性，即人的心理在接受過一次沖擊之後再難以擺脫的定式反應。對這個心理定勢最生動的比喻莫過於中國的一句古語：「一朝被蛇咬，十年怕草繩」。這個解釋當然是基於個人的後天經驗，是非常準確的，但我們也不應該忽略生存焦慮症的先天因素。先天的焦慮症雖然沒有直接的「證據」，但我們至少知道並非每一個一朝被蛇咬了的人都會「十年怕草繩」，所以我們可以推測，人對焦慮的抵抗能力應該有天生的強弱之別。不過這個題目不是本文的焦點，也非筆者的當前的能力所及，在此就不多做分析。

「生存焦慮症」的典型症狀之一就是「妄想」（Paranoia），即被主觀幻想的威脅所困擾甚至痛苦不堪。「妄想症」的主要內容是「幻想自己將被迫害」，產生的原因主要是妄想者持有一種脆弱的心理，覺得身邊的人和事物都很「強大」，會威脅自己的生存。比如在新中國解放後的「勞動人民」階層，雖然在名義上「翻身」了，和其它階層平等了，但在心理上卻由於歷史的長期積累（中國的體力勞動者階層從來處於社會的最低層），仍然有著強烈的心理不平衡。所以文革中這樣的群體一旦被給以機會，壓抑了幾千年的不平衡的心態就會大爆發。

　　焦慮症、危機感這樣的心理疾病的反面就是「安全感」。安全感是人對自己的生存處境感到滿足的心理狀態。它是人的所有心理狀態中的最健康的狀態之一。具備安全感的人會相對坦然地處理除實際的生存威脅（相對於想像的生存威脅）之外的一切處境。

　　任何出於缺乏安全感而導致的心理狀態，都可以被歸於「生存焦慮」的類型，只是程度的深淺不一而已，比如攀比心，貪婪，對他人的猜忌等等。人之所以攀比，表面上的解釋不過是一種虛榮心，深層的理解其實是源於缺乏安全感，即：一旦自己比不過別人，自己的生存就會受到威脅。這就是典型的「與他人為敵」的心態。貪婪，是一種永不滿足的奢欲，而之所以「永不滿足」，其實就是因為人在不斷地獲取身外之物的過程中一直沒有

得到真正的安全感。再看猜忌，或者說對他人的極不信任，這也是一種非常典型的生存焦慮症狀，因為它和「攀比」一樣，是源於一種「他人就是敵人」的理念。中國人之間普遍互相為敵，無信任感嚴重之極，應該是中國社會缺乏誠信的根本原因。一個由不信任他人的人組成的社會，自然是病態的社會，而這個社會又反過來影響其中的個體，導致人之間的更加不信任。這樣的雙向（個體與社會）消極影響和惡性循環，使中國社會永遠走不出人與人之間相互利用甚至相互陷害的怪圈。

　　以上這些病態現象在中國人中的普遍存在，不難讓我們得出結論：「中國人」這個群體總體上是一個病態的群體。筆者給這個病下的診斷就是「生存焦慮症」。「中國人」得這個病其實一點不奇怪，因為中國人在封閉的環境中為有限的資源相互爭奪了幾千年了，不得這個病才是「奇怪」！一個「有趣的」現像是，由於人是群居動物，所以當一個群體認可一種行為或者心理模式之後，不管這些行為或心理模式是多麼的非人性（甚至是反人性的，比如中美洲的活人祭祀），都會被視為「正常」，該群體中的人也都不會覺得自己病態，因為「大家都這樣的啊！」。試想在健康的社會中一個患了「恐懼症」的人可能會被送進醫院，而在類似文革的這種環境下卻正好相反：那些少數不參與瘋狂殺戮的清醒者才可能被看成「有病」，而參與的人，且越是瘋狂的人，不但不被看成精神病人，還會被看成「英雄」。這也解釋了

為何在好多中國人的圈子裡往往是心靈健康的人受孤立。中國歷史上不少文人墨客強烈的出世心態大概也是基於這個原因。

有必要再次強調一下，說一個「群體」得了某種「心理疾病」，不等於說這個群體中的每一員都有「病」，或者病的程度都一樣。每一個群體中都有健康和清醒的人，也有不健康甚至病態的人。然而當一個群體的多數都具有相同的病態心理模式時，這個病首先不易察覺（如前一段所述），其次它的「傳染率」非常高。這是因為人是群居動物，誰都不願意被孤立。這個原因也是弗洛姆在《逃避自由》一書中對人類幾乎所有的人為災難的解釋。

4、中華民族的今天和明天

大躍進和文革之間只相隔了十來年，而今這兩個人為災難過去已經近半個世紀了，中國在這個相對較長的期間基本沒有人為大災難（小的和看不見的災難仍然不斷，比如兒童虐待、個體異議者的被害，等等），這在中國人的群體心態沒有根本改變的情況下，的確是一個「奇蹟」。導致這個「奇蹟」的原因其實很簡單：開放。開放給中國帶來的益處，首先是通過引進科技提高了生產力，減小了人口和資源供給之間矛盾；其次是大量的人口可以移民到其它地方，減緩生存空間的壓力。

筆者發現，相比於海外華人，大陸的中國人——當然是得利階層——似乎顯得更有「安全感」一些。這應該和國內的經濟狀況的巨大改變有很大關係。而海外的華人，除了生存相對艱難以外，在心理上由於有和其他民族的對照，似乎更容易顯得自信心不足，所以也更受「生存焦慮症」的困擾。不過，雖然在大陸的中國人從表面上看有一定的生存安全感和自信，但潛在的心理模式卻沒有任何改變，所以一旦出現「威脅」的跡象，他們還是會群體激動起來，呈現出群眾運動所特有的「排山倒海」之勢。

「生存危機」與「生存焦慮」都是自然現象，人類產生這樣的心理模式是有其歷史和心理緣由的，所以也是可以理解的。如果不承認甚至否認其存在，是非常不明智的做法。中國作為一個文化群體，或者說文明，目前已經走向世界，作為群體的「中國人」在今天是被世界所接受（或者至少不被排斥）。比較起消失了的中南美洲文明來說，這不能不說是華夏文明的幸運。問題的關鍵是，中國人如何把握這個命運？是繼續盲目地相信自己的祖先曾經是世界之最，拒不接受自己的不足，還是謙虛客觀地認識到這個世界之大，天外有天，從而坦然地面對自己在精神文明上的不足和落後？人不怕無知，但最怕的就是不承認自己的無知，所以，作為群體的「中國人」如果再不實事求是地看待自己，從而在國際內外的新形式中擺正自己的位置，放棄與人為敵的弱勢

心態，歷史的悲劇將會重演。

2013年

第三輯
解讀個人主義

一、荒漠中孤傲的野草
——試析魯迅的人文價值

　　魯迅也許是中國人文中最特殊的一個了。曾經,他獨當一面,舌戰群雄,落得孤家寡人,臨死時,還「一個都不饒恕」;曾經,毛澤東覺得需要一個「革命思想家」了,於是看好了魯迅,把「偉大」「光榮」「正確」的口號都統統授予這個不再吭聲的人,於是整個中國都對他頂禮膜拜;而今,共產主義不再「吃香」(尤其在海外),毛澤東在很多人心目中已是臭名昭著的暴君,於是魯迅成了和毛澤東一樣的「共匪」,被許多中國人踩在地上,不光是「親共」「反封建」等思想「挨揍」,最後連魯迅的文學價值也被大大貶低,似乎隨便一個什麼人都可以站出來對魯迅從裡(私生活)到外(作品)任意「糟蹋」一番。

　　和幾乎任何一個七、八十年代長大的中國人一樣,我是在讀中學時就知道了魯迅,然而我真正愛上魯迅的大部分作品卻是在工作之後。魯迅對我產生的心靈衝擊,絕非是在他的作品中幾乎看不到的所謂的「親共」色彩,也不是他的反封建思想,更不

是什麼對勞苦大眾的同情，而是他絕頂的「孤獨」，他的徹底的個人主義精神，以及他在一個沒有生命的「荒漠」中對生命的執著。對我來說，魯迅的思想價值，在於他對人性的深刻透視。我個人對「魯迅是什麼」這個問題的簡單回答是：一個真正的人文主義者。

人文主義是最早出現在西方文藝復興時期的一個文化的思潮。它不單指某一種哲學思想，也不單指某一種文學藝術的風格，而是指在藝術、思想、科學以及宗教等等領域中人的精神活動中心從「神」到「人」的全面回歸。而更為重要的是，這個「人」還不是，或者不僅僅是「社會」的人，更是「個體」的人。從此，西方的哲學越來越具備「人情味」，文學藝術越來越「個性化」。這個思潮，到了19世紀末和20世紀上半葉，基本上是走到了頂峰。

人文主義思想在中國是基本不存在的。或許曾經有過啟蒙，但從來沒有得到真正的發展。一統兩千年的儒家文化對人性，尤其是「個人性」，是絕對壓制的（在儒家文化的體系中，個人只是社會的組成零件，或者說「環節」，個人的需要都必須統統符合家庭關係和社會結構的需要）；道家思想雖然相對自由，但其中的人性特徵仍然由於「清心寡欲」「物我兩忘」的出世概念而被大大地淡化了。中國的文藝和思想作品自古以來或是毫無新意的引經據典，或是缺乏熱情的清淡無味，總之毫無生氣。然而魯

迅卻一反這個「常態」，在中國文化史上兩千多年的沉寂中第一次發出了人性的「吶喊」。

以下就我自己的理解，簡單地分析一下魯迅是如何在自己的作品中體現出這個人文主義精神的。

1、對舊文化（尤其是孝道）的徹底背叛；

這一點可能是最沒有新鮮感的。魯迅對舊文化的背叛眾所周知，也是被共產黨利用和宣傳得最多的一點。魯迅在當時並非唯一的反封建人士。五四時期的中國，類似西方的文藝復興時期，幾乎大部分思想開放的知識分子都試圖擺脫舊文化的束縛，都意識到吸收西方民主和科學的重要性，然而，魯迅之所以比其他幾乎所有的文人學者對舊文化的本質都看得更為透徹，在反傳統路上走得更遠，是因為他對「孝道」的與眾不同的認識。

魯迅深諳儒家文化的基石——孝道——對中國人人性的摧殘之深刻。對孝道的批判，尤其對「二十四孝」的極端非人性的教條的批判，出現在他的很多散文和雜文中。魯迅最著名的「狂人日記」，結尾處是出於肺腑的吶喊：「救救孩子」。在我看來，「狂人日記」中「吃人」二字的全部意義，都在於對「孝道」的批判。因為「吃人」，是指封建舊文化對人性和個性的吞噬，而這個吞噬的過程，就是從給孩子幼小的心靈灌輸「馴服」的孝道

開始的。

孝道是中國人身上最毒的文化因素，是中國人人格中最深的暗傷。幾千年來，多數中國人一生下來就被父母先抹去了「自我」，然後被培養出循規蹈矩的奴性人格，為社會的專制添磚加瓦。而更可怕的是中國人在奴性完全被注入血液之後的毫不自知。不管是在魯迅的時代還是當今社會，認識到這一點的中國人微乎其微（即使現在，多數中國人還以此為榮。可見魯迅之不過時）。

所以，雖然共產黨和多數中國人看到了魯迅思想中反封建的這一特徵，但對魯迅反封建的具體內容卻並沒有準確的認識。

2、對群體（庸眾）之愚昧 —— 「人性惡」的透視；

共產黨對魯迅宣傳得最多的，除了反封建以外，還有魯迅的平民主義思想。然而魯迅真的那麼具備這個思想嗎？且看魯迅自己對「群眾」的看法：

> 「群眾，尤其是中國的 —— 永遠是戲劇的看客。犧牲場上，如果顯得慷慨，他們就看了悲壯劇；如果顯得觳觫，他們就看了滑稽劇。」（註一）

魯迅自然不是沒有同情心的人，只是魯迅同情的，並非真正的「群眾」，即「大多數」，而是被「大多數」所壓制的善良而弱小的「少數」。比如「祝福」中的祥林嫂。在「祝福」中，魯迅通過祥林嫂的悲劇，揭示了一個非常殘忍的社會現實：世上的多數人對他人的痛苦都是毫不關心的。「多數人」會有意或無意地加害他人。在「藥」中：華老栓就是一個「善良」的但卻無意中以自己的「愚昧」為殺人者助威的千萬「無辜」百姓之一。而在「阿Q正傳」中，魯迅更是對這個庸眾的愚昧作了無情的諷刺，入骨三分地刻畫了在中國人中普遍存在的自欺欺人的人格。

　　魯迅也許並沒有找到這些「愚昧」和「惡」的原因，或者找到了卻沒有明確地道出，但他卻是中國歷史上的第一個看到了「人性惡」普遍存在的文化人。在「暴君的臣民」一文中，魯迅這樣寫道：

　　　　「……暴君治下的臣民，大抵比暴君更暴；暴君的暴政，時常還不能饜足暴君治下的臣民的慾望。

　　　　中國不要提了罷。在外國舉一個例：小事件則如Gogol的劇本《按察使》〔3〕，眾人都禁止他，俄皇卻准開演；大事件則如巡撫想放耶穌，眾人卻要求將他釘上十字架〔4〕。

　　　　暴君的臣民，只願暴政暴在他人的頭上，他卻看著

高興，拿「殘酷」做娛樂，拿「他人的苦」做賞玩，做慰安。自己的本領只是「倖免」。

從「倖免」裡又選出犧牲，供給暴君治下的臣民的渴血的慾望，但誰也不明白。死的說「阿呀」，活的高興著。」（註二）

正是這些「群眾」，這些麻木自私的「大多數」，才使得很多像祥林嫂那樣善良的人命運極度悲慘，使少數有思想的個體受到極度壓制，更使專制得以長存。

美國文人作家查爾斯‧範‧多倫在「知識的歷史」一書中這樣寫道：

It is everywhere true that those at the bottom of the social hierarchy are the majority. ...Why then does the majority remain deprived? The minority at the top may have a near monopoly of force, but force alone is not the answer. A system of social differentiation must be found in which all believe, not just some. （在世界上任何一個社會中，處在最底層的人總是大多數…為什麼大多數總是受剝削呢？處在上層的少數的確有著壟斷的權力，但權力自身卻不是全部的回答。一個不平等的社會制度必須在所有階層的人都認可時才可能成立，而不是只是一方或者

一部分人認可的情況下。）（註三）。

這一認識和魯迅對社會和群眾的看法是不謀而合，或者說殊途同歸，即：暴政的存在和愚民的存在密不可分。

我時常困惑的是，魯迅這些和「共產主義」如此明顯的大相徑庭的精神，為何不被中國的大部分文化人所察覺？那麼多攻擊魯迅的人，為何死認魯迅的「貧民思想」、「共產主義精神」，而對魯迅如此「反共」的一面視而不見？唯一的答案就是：人，都是選擇性地吸收信息，一旦「觀點」形成，所有那些和自己觀點相反的證據，都統統被忽略。這也是共產黨得以成功地扭曲魯迅的內在原因。

3、超越民族的徹底的個人主義精神

正是因為魯迅看清了「群眾」的本性，他才更加徹底地踏上了個人主義的路。魯迅不屬於任何一種流派，任何一個團體，甚至不屬於中華民族。即使對當時看起來很有希望的共產主義，魯迅也持保留的態度。這個態度，早在「阿Q正傳」中就體現出來。「同去，同去」的這種烏合之眾組合成的「革命」，從來都魯迅所不屑的。

值得指出的是，個人主義並非一種單一的思想體系，而是一

種人生態度，一種處處尊重自己的真實，不因懼怕孤獨而隨大流的獨立態度。魯迅就是這樣一個人。他的這個態度，體現在他的幾乎所有的作品中。所以作為魯迅的讀者，我們不需要知道到魯迅曾經對共產黨人說過：「你們來了，還不是先把我殺了」（註四），更不需要知道毛澤東說過「魯迅要是還活著，要不閉嘴，要不蹲監獄」，而僅僅根據魯迅的作品，就理解到魯迅是和任何一種群體的思想意識形態，以及任何一種專制制度的當權者（比如共產主義）都是格格不入的。

由於魯迅對大眾的深刻洞察，使他在對社會和文化的認識上，大大不同於，或者說超越了他的同代人，甚至當代的中國文人。這樣的超越，也使魯迅更加孤獨，對中國的前途更加絕望，也使他在中國文化學術圈中處處受敵。當代人對魯迅的「罵人」，或者「痛打落水狗」等等總是念念不忘，似乎這顯示了魯迅的心胸之狹隘，然而這些人都忘記了，魯迅在當初才是受攻擊的對象。魯迅之所以受到排斥是不但因為他背叛舊文化，也背叛作為群體的中國人。然而他沒有被孤獨所擊敗，更未向他的對手妥協。魯迅這種堅持真理的精神，絕不是文革中紅衛兵式的仗勢欺人的態度，而是作為「弱勢」的個體對群體的強勢壓迫的不屈不饒，是真正的強者風範。

正由於魯迅的這個徹底的個人主義精神，魯迅才成為一個真正的超越民族主義的個人主義者。如果說在《吶喊》一書中魯迅

還有一絲喊醒「鐵屋子」裡昏睡的人的想法，在其它的雜文和散文中，我幾乎看不到這一點。魯迅對狹隘的愛國主義和民族主義不但忌諱，更是從正面作過無數的尖刻的批判（比如在隨感錄38中的「合群的愛國的自大」與「個人的自大」，還有很多）。

4、極其前衛的寫作風格和內在的生命激情

魯迅文學作品中除了其思想性（人文主義精神）以外，其藝術性是在中國近代文學中也是最前衛的。魯迅是中國（甚至亞洲）最早運用意識流風格的作家，並在這一點上幾乎和歐美同步。歐洲最有影響的幾位意識流代表作家如喬伊斯、伍爾夫、普魯斯特等的主要作品都出現在19世紀的20年代前後，和魯迅的《狂人日記》及《野草》基本是在同一時期。和西方同步自然並不是衡量中國文學的標準，但現代西方文學風格在對傳統的突破，以及對人性（尤其個性）內在的深度挖掘上，正好和魯迅作品的內涵遙相共鳴。

意識流的手法主要受弗洛伊德的潛意識影響，是指在寫作的內容和形式上盡量不受「意識層」控制，而讓潛意識的內容在作品中作自然流動的一種反傳統的手法。魯迅主要在日本的文化環境中接受了西方的這一文學思潮，並大膽地運用在自己的創作中。我認為魯迅對意識流的運用非常成功，自然而不露痕跡。而

這種「自然」，是來源於魯迅自身的藝術氣質，而非對西方文學風格的簡單模仿。

魯迅在寫作中不但運用意識流，還有大量的象徵手法，如在「野草」集中以比喻、擬人等手法對自然和人的描寫。下面是在散文《秋夜》中對夜空的描述：

> 「這上面的夜的天空，奇怪而高，我生平沒有見過這樣的奇怪而高的天空。他彷彿要離開人間而去，使人們仰面不再看見。然而現在卻非常之藍，閃閃地眨著幾十個星星的眼，冷眼。他的口角上現出微笑，似乎自以為大有深意，而將繁霜灑在我的園裡的野花草上。」

魯迅這些寫作形式極其意象化、象徵化，並在這些形式下還蘊藏著豐富的思想內涵。這個內涵的最主要的部分，就是魯迅的對生命激情的正面歌頌。

在中國歷代文學中，我們很難見到「激情」二字。中國文人多重「淡雅」、「含蓄」等風格，所以在詩詞歌賦中難免讓人感到一些「貧血」。這些風格並非不好，其中也有大量精品，但激情──這個人性中非常重要部分──在中國歷代文藝創作中的罕見，不能不說是中國文學藝術中的一個缺陷。而在中國當代文學藝術中，雖然開始有了些「激烈」的東西，卻多停留在對壓抑情

緒的「發洩」上，並非激勵人心的對生命的正面歌頌。魯迅是中國文學史上的極為少見的對生命正面積極歌頌的詩人，並敢於在作品中直抒愛恨的文學大師。

對社會的失望，並沒有使魯迅像其他傳統文人那樣回到自家後院去「悠然見南山」，也沒有盲目地隨「大流」地搞政治革命，而是使他在這片「荒漠」中更加潔身自好，更加頑強地求生。這個精神，在「野草題辭」中體現得最為明顯：

> 「野草，根本不深，花葉不美，然而吸取露，吸取水，吸取陳死人的血和肉，各各奪取他的生存……」

不難看出，在此「野草」既是魯迅本人的象徵，也是所有在壓抑人性的社會中還熱愛著生命的個體的象徵。中國社會則是一個一方面踐踏「野草」，另一方面還要這個「野草」來裝飾自己的社會（平庸群體對優秀個體的精神剝削）。所以魯迅表達了他對這樣的現實的憎惡：「我自愛我的野草，但我憎惡這以野草作裝飾的地面。」然而在這樣的黑暗中，魯迅仍然渴望生命，歌頌生命：「但我坦然，欣然。我將大笑，我將歌唱。」

再如在中學課本中就有的散文「雪」，其中魯迅在對南北方的雪作了對比之後，形像地刻畫了「朔方的雪」：

「朔方的雪花在紛飛之後，卻永遠如粉，如沙，他們決不粘連，撒在屋上，地上，枯草上，就是這樣。屋上的雪是早已就有消化了的，因為屋里居人的火的溫熱。別的，在晴天之下，旋風忽來，便蓬勃地奮飛，在日光中燦燦地生光，如包藏火焰的大霧，旋轉而且升騰，瀰漫太空，使太空旋轉而且升騰地閃爍。

在無邊的曠野上，在凜冽的天宇下，閃閃地旋轉升騰著的是雨的精魂……

是的，那是孤獨的雪，是死掉的雨，是雨的精魂。」

這一段是極其富於詩意和想像力的描寫。這裡的「如粉，如沙，……絕不粘連」，象徵著獨立不羈的個人主義精神。魯迅這一篇「雪」，就是通過對「朔方的雪」的讚美，來表達他對獨立人格的崇尚。

正是這樣非凡的藝術手法和豐富的內涵，使魯迅文學作品成為近代文學中史中最有分量的一頁。

以上便是對我個人對魯迅的幾點最主要的認識。然而這幾點絕不是魯迅的全部。魯迅的作品自然還體現了很多其它方面的內涵，如思想中的存在主義傾向，中國文人中少見的幽默感，等等。總之，魯迅是一個綜合型氣質的文化人，從藝術到思想，從

社會現像到歷史，方方面面都顯示出他獨立思考能力和獨特的表現風格，決不是單純的一個「文學家」或者「思想家」能概括的。

從散文、小說到雜文，魯迅的創作形式豐富多樣，但所有的作品，不無圍繞著人文主義——也即「個人主義」——這個中心。魯迅的創作，不但豐富還極其原創，在其中我們見不到孔子，老子，見不到喬伊斯，弗洛伊德，我們只看到一個人——「魯迅」。

魯迅是中國幾千年中罕見的一個真正的人文主義者，但他卻不是中國人的「驕傲」，更不是中國人的「民族魂」，因為他身上根本不體現中國人的群體人格特徵。魯迅不屬於中國人，也不屬於這個世界上的大多數人，或者任何一種思想團體，魯迅只屬於他自己。作為一個徹底的個人主義者，一個熱愛生命的人，魯迅，就像他自己在「野草題辭」中表達的一樣，是在「陳死人的血和肉」地面上的一棵孤傲的「野草」。

2011年

註一，「娜拉走後怎樣」，1923年12月26日魯迅與北京高等師範學校文藝會講演。

註二，「熱風六十五」「暴君下的臣民」，魯迅。

註三，「A History of Knowledge」, Charles Van Doren, Ballantine Books, 1992

註四，王曉明「魯迅傳」第十八章「橫站」：

……在他（魯迅）生命的最後幾年，他甚至對一切打著新旗號的造反者都心存戒備。譬如一九三三年深秋，一批政府軍的軍官在福州成立「福建人民革命政府」，公開打出反對蔣介石和中央政府的旗幟，共產黨自然全力支援，上海的一些熱血青年，也紛紛前往助陣，魯迅看在眼裡，暗暗搖頭，他寫信對朋友說：幹聞此地青年，又頗有往閩者，其實我看他們[指福建人民革命政府的主持者]的辦法，與北伐前之粵不異，將來變臉時，當又是殺掉青年，用其血以洗自己的手而已。」4當他寫這段活的時候，陶煥卿的霸氣，王金發的專橫，乃至廣州「清黨」時的種種慘狀，都會在他心頭一一閃過吧。對規代中國的形形色色的造反者，他已經存了這樣固執的看法，現在又從李立三等人身上，看見瞭如此赤裸裸的功利心，如此無掩飾的綠林氣，他會作何感想呢？一九二八年他曾寫道：「所怕的只是成仿吾們真像符拉特彌爾·伊力支[即列寧]一般，居然『獲得大眾』；那麼，他們大約更要飛躍又飛躍，連我也會升到貴族或皇帝階級裡，至少也總得充軍到北極圈內去了。譯著的書都禁止，自然不待言。」5這實際上是重複了當年在東京作的那個預言。而到一九三六年，他和共產黨人結盟六年之後，他竟又一次重複這個預言。有一回和馮雪峰閒聊，談著談著，他突然用玩笑式的語氣說：「你們來了，還不是先殺掉我？」馮雪峰愕然瞠目，趕忙搖手：「那怎麼會呢，那怎麼會呢……」

http://www.tianyabook.com/renwu2005/js/w/wangxiaoming/lxz/018.htm

錢理群在北大的講座：

「1936年魯迅剛去世時李霽野撰文回憶魯迅與馮雪峰的談話，說將來你們（指共產黨）到來時，我將要逃亡，因為你們來了之後首先要殺我。」
http://bbs.yuwenonline.com/dispbbs.asp?boardid=42&Id=4430

二、個體與群體的格格不入
——試析中國人對魯迅的誤讀

　　魯迅作為中國近代文學思想史的一個極具個性和極富於創造力的大家，在共產黨統治中國後被「打扮」成「共產主義的旗手」、「無產階級的文化戰士」等等，實在是政治對文人的利用，更是當權者刻意對事實的顛倒黑白的歪曲。這種出於政治目的的宣傳導致了很多中國人對魯迅長期的誤讀。

　　其實魯迅的思想在他的作品中是體現得很明確的，除了對當時的當權勢力有尖銳的批判外，和共產主義沒有任何必然的聯繫。魯迅個人雖然在當時的黑暗中對共產主義心存一絲希望，但仍然對之迴避多於參與（參見《荒漠中孤傲的野草——試析魯迅的人文價值》一文）。然而容易受宣傳影響的大眾還是更願意接受共產黨的宣傳，拒絕用自己的頭腦去對魯迅的文字做出自己的判斷。

　　綜合分析，很多中國人對魯迅的誤讀不外乎出於以下幾個方面的原因：1，對共產黨的仇恨；2，割不斷的民族主義情結；

3，中國人普遍對知識和知識分子的認識的單一化；4，中國人對「個人主義」的極度陌生。

　　第一點就不用多說了。把魯迅和共產黨聯繫起來的人，多半沒有真正讀過或讀懂魯迅。這些人對魯迅的理解，都來自共產黨的宣傳。不過這一點充分說明了宣傳的可畏，說明了人在信息接收上的被動和各取所需，以及在分析事物上的思維懶惰。

　　其次是中國人深刻的「民族主義情結」。在毛澤東死後，共產主義的「形象」在很多中國人的心目中一落千丈，很多中國人把「新中國」的一切問題都歸根於共產黨，從而更加懷念傳統的儒家文化，也更加認同魯迅和共產黨的「一致性」，導致對魯迅的不滿。

　　從一神教的角度來看的，中國從來沒有過宗教信仰，但如果從宗教的社會功用——通過統一意識來凝聚大眾，從而達到穩定社會的目的——來看的話，中國其實是一個非常「宗教化」的國家。這個統一人的思想的核心就是「祖先崇拜」，而這個「祖先崇拜」又是通過儒家思想來系統化的。所以，儘管中國文化中有著除儒家意識形態以外的一些精華，比如文學藝術方面，但在中國人眼裡，「孔夫子」才是中國文化的全部內容。一旦把孔夫子的祭壇推翻，就等於把中國文化徹底推翻了，中國人也就不成其為中國人了。而魯迅，就是這樣一個推翻了祭壇的人。

　　魯迅不但推翻了這個祭壇，還諷刺那些把這個破碎的祭壇抱

著不放的人。在「阿Q正傳」中，「阿Q」其實就是中國人的一個群體像徵符號（當然並不是指每一個個體。並且阿Q精神也並非中國人獨有）。中國作為一個自以為曾經是「世界中心」的文明國度，在近代西方國家的入侵下全面崩潰，致使很多懷有「祖先崇拜」情懷的中國人非常不服氣。他們不時拿出古人來抵抗西方文化的「侵入」，認為中國的舊文化其實是比西方文化在「精神」上更優秀的文明。但細察歷史，這種觀點並不符合事實。華夏文明不但是進入文明相對較晚的文明，還不過是僅僅在某個階段的某些方面相對領先於世界而已。中國人對古文化的無限誇大無非就是魯迅筆下的阿Q精神：「老子先前比你闊」。所以，「阿Q正傳」一方面揭示了下層人的愚昧，另一方面，也暗示了中國人的文化自卑感。

魯迅不但批判舊文化，還比其同代學者更能抓住舊文化的病根：孝道。這又擊中了中國人的痛楚，因為「孝」是儒家文化的根基，是中國人「百行之先」的「美德」，是中國人引以自豪的精神道德堡壘。所以，魯迅的這個「救救孩子」，基本是把中國人賴以建立自信的心理基礎摧毀了。

由此，任何一個傳統意義上的中國人，盡孝的、忠君的、愛國的，統統都在魯迅的作品中不但找不到共鳴，反而直接或間接地受到批判。所以他們讀魯迅的書自然是越讀越不自在。

再次，我認為中國人對魯迅還有一個非常隱蔽的，也是最

重要的一個原因就是：中國人對知識和知識分子的極端單一的認識。

　　中國古代是一個政治和知識高度結合的社會，這意味著中國古代從來沒有一個真正獨立的知識分子階層。中國古代的知識，或者說中國的「知識」，是圍繞著人的現實需要而發展起來的。比如儒家文化的「知識」就是一套為社會穩定服務的道德體系。而即使是在中國文化中佔有一席之地的道家思想，雖然有著對自然進行解釋的動機，但它在民眾中的影響還是圍繞著人的「肉身」服務的那一部分「養生學」。由此，儒道兩家，都離不開「實用」二字。在中國人眼中，知識學問從來都是為現實目的服務的。

　　在古代歷史中，知識分子在人們心目中大都是以儒家的形像出現的，所謂「儒生」。知識分子一般先遵從儒家的「入世」觀，投身於官場，在做官不成後才再效仿道家「出世」觀。所以「儒生」比道士更能代表知識分子的形象。由此不難看出，中國的知識分子，實際上是從來沒有獨立人格的權勢的附庸。正因為中國人有了這個對知識分子的根深蒂固的認識，共產黨才對魯迅作了方方面面的不符合真實的「吹捧」，比如「反封建精神」、「愛國精神」等等，把魯迅描繪成一個為民族為國家而抗爭的「戰士」。之後當中國人發現這些都不屬實，開始了對魯迅方方面面的詆毀，比如「魯迅並不愛國」，「魯迅是漢奸」，等等。

中國的知識份子和大眾理所當然地認為，作為知識份子應當為民指路。由此眾多的文人和大眾對魯迅深感不滿，因為他們在魯迅的思想中只看到對中國文化的批判，而看不到一條能解救民族的生路。然而知識的種類是繁多的，有為現實服務的知識，如倫理學、政治學、實用科學等等，也有純粹出於好奇心的知識，如哲學、自然科學等等。由此知識分子也是多種多樣的，有遠離功利主義而忠實於自我的思想家、文學家，也有為社會服務的政治家、經濟學家以及社會活動家等等。真正的思想家其實沒有任何改造社會的責任。思想家不過是通過自己的獨立思考，對社會、人性、歷史等等事實現像做自己的判斷。這些判斷可能是積極的，也可能是消極的。所以沒有給中國人指路這一點，絲毫不影響魯迅作為思想家文學家的價值。

　　獨立的知識分子階層的另一含義是，正因為知識分子是為自己而思考和寫作，他們的作品可能並不真正能和廣大的群眾溝通。這在西方社會從來都是很自然的現象。那些最獨立的哲學家或者文學家們，往往都並不一定最受歡迎。比如尼采、薩特、海德格爾等等哲學家的著作，現實生活中除了搞專業的人以外，根本沒有多少人去讀。一般人也不需要讀這些象牙塔上的作品，因為大多數人在日常生活中的思考內容，和少數獨立的知識分子的思考內容完全不一樣。所以，不懂魯迅不是過，但因不懂魯迅而詆毀之就成了無知。

最後一點就是魯迅本人的最大人格特徵：個人主義。魯迅是個不折不扣的個人主義者。而中國，恰恰是一片個人主義的荒漠。這片荒漠是以「社會」、「家庭」的利益為軸心而建立起來的。在這片「荒漠」中，一切不符合傳統和社會需要的觀念和行為，均受到排斥。所以魯迅作為一個個人主義者，在這個社會中是很難找到知音的。而更由於他的「一個都不饒恕」的精神，使他在死後得不到廣大的中國人的理解。

　　再退一步，群眾對魯迅的理解真的重要嗎？我的答案是否定的。如果不是毛澤東，魯迅很可能不會成為現在這樣的一個眾所周知的作家，他的影響——除小說散文以外——可能只會局限於學術界。然而真是那樣的話就反而正常了，因為一個思想家並不需要和群眾溝通。但是在中國特殊的歷史環境下，共產黨把魯迅歪曲之後再強加於理解力有限的群眾頭上，導致了盲目崇拜。所以當群眾發現自己上當受騙，便自然反過來不加思考地把很多在共產黨統治下的社會問題歸罪於魯迅的影響。這樣的做法其實是大眾在為自己的愚昧找替罪羊。

　　其實魯迅身前對這些態度是不陌生的。魯迅在作品中不時流露出極大孤獨感，流落出他對「中國人」這個群體的極度失望，同時也深知他自己和這個群體的格格不入。所以他從來沒有對中國的未來——包括共產主義——樂觀過。而當代人對他的「膜拜」和詆毀，都不過證明了魯迅當初對中國人的國民性的判斷之

準確。所以中國人對魯迅的誤讀，不是魯迅的悲哀——因為他從來只屬於自己——而是中國人的悲哀。

2011年

三、魯迅的「尖酸刻薄」與「救救孩子」

　　「尖酸刻薄」，大約就是好多中國人對魯迅最簡單的解釋了。可就是這個「尖酸刻薄」的魯迅，卻是中國文人中第一個，也是至今唯一的一個喊出了「救救孩子」的文人。

　　中國文化講了幾千年的「仁義」，看來似乎是很講究「善良」的了。漢語中的「仁」字由「二人」組成，暗示著「善」必定是發生在兩人之間的行為（註），即善待他人之意。可惜不幸的是，這「兩人」之中是絕沒有孩子的。兒童是被中國人徹底忽略了的「人」，在必要時，還可以埋掉，以為長輩節省口糧（「郭巨埋兒」）。由此魯迅才奮起反擊，高呼「吃人」和「救救孩子」。

　　任何一個社會都由強勢與弱勢組成。孩子、婦女都是天生的弱勢，男人、成人和當權者，相對而言則是強勢。大凡強者之所以強，是因為遇強不弱，遇弱不強。真的強者，敢於挑戰強勢，

更能保護弱者。而我們幾千年的傳統恰恰與這個規律背道而馳：我們中國傳統文化的好多習俗是遇弱逞強，遇強示弱：在有權勢的一方面前規規矩矩，而面對無力反抗的婦女和孩子們時，或面對殘疾或其他天生的弱者時，卻顯示了方方面面的威風。

中國兒童，也許就是這個傳統文化的最大受害者了。從「孫子」成為「奴才」的代名詞這個中國的民間習語就可以知道兒童在家庭中的人格地位。在孝道的保護下，無數父母對兒童進行了幾千年的世世代代地從行為到意志徹底剝奪，而對社會的強勢（長輩，當權者等等），中國人卻是極盡妥協，極盡中庸之道和「仁義」之事。

也正因為習慣了這個「欺軟怕硬」的傳統，好多國人完全沒讀懂魯迅：一方面對魯迅性格中的強者風範——激情、犀利、獨立不羈等等——感到陌生不習慣，甚至害怕和厭惡，另一方面，又對魯迅的「仁」——一種對生命的天然的熱情，對兒童天然的保護心態——視而不見。

嗚呼！魯迅的確是中國文人中的最孤獨者。

2011年

註：參見孫隆基的《中國文化的深層結構》

■ 四、魯迅的「破壞性」與「建設性」

　　思想的懶惰性或依賴性的主要特徵就是：由於沒有獨立的思想能力，凡事都沒自己的主意，所以處處希望別人給自己出主意。自己沒頭腦的人，最希望有一個有頭腦的人來徹底取代自己的頭腦。這樣的人在困難中，最需要的就是所謂「建設性」的「意見」，給一個具體的「行為指南」，所以他們可以不動腦筋地照章行事。

　　一個沒有獨立思考能力的民族，也是這樣要求思想家的。所以很多中國人讀魯迅，發現通篇都是批評或批判，沒有給中國人「鋪墊」一條能輕而易舉踏上去的陽光大道，便越讀越火，最後奮起反擊，大罵魯迅是只會罵人的沒有思想的文人。

　　其實中國近代幾乎沒有任何人給中國指出了什麼出路。或者，即使指出了，也基本行不通。從另一個角度來說，一個思想家，根本沒有責任去解救任何人，任何民族。思想家的任務，不過就在於忠實於自己的觀察和思考，寫出自己的觀點和看法。這

些觀點，可以是批評性的，可以是政治性的，也可以是「建設性」的（尼采就是個批評家，對基督教傳統的抨擊和魯迅對儒家文化傳統的抨擊一樣的猛烈）。這些批評家們的價值，就在於他們的「破壞性」——通過揭示現實中一般人看不到的黑暗面，給人以啟迪，然後讓人產生追求光明的慾望。批評得越深刻，給人的激勵就越強烈。

然而，對於自身缺乏追求光明的慾望的人，或者習慣了在黑暗中生活的人來說，只要你沒有把他們親手抱起來，放在光明中，所有的批評，指責和激勵，對他們都是毫無意義的。所以魯迅的思想，或許是過於超前，或許根本就是對牛彈琴。魯迅被曲解，也似乎變得可以理解的了。

2011年

五、劉曉波是誰？
——寫在讀《形而上學的迷霧》之後

在去年的諾貝爾和平獎頒發之前，我只是恍惚記得聽說過劉曉波這個名字，卻從來不了解劉曉波這個人。出於對政治的不關心，即使在劉曉波獲得諾貝爾頒獎之後，我也並不以為然。然而偶然在網上看到了劉曉波的《形而上學的迷霧》的書名後，突發興趣，並最終找到了pdf的文件（原書早已被禁），而在僅僅讀了前言之後就被其文字中的思想所深深吸引。

魯迅說過中國書盡量少讀，最好不讀。本人就是很少讀中國書的人。但我之不愛讀中國書卻不是因為魯迅的如是說，而是因為本人很少在中文書中得益，尤其當代的。然而劉曉波的這本書卻是例外。此書是我讀過的最好的哲學著作之一，更讓我從一定的程度上了解到劉曉波的思想。

本文不是為了給劉曉波立傳，更不是為了給此書寫書評，而只是想忠實地記下我在讀了這本書之後對此書和作者的印象。

首先談書。「形而上學的迷霧」從表面結構上看是一部西方

哲學簡史——從古希臘開始，一直寫到現代和當代的西方哲學，但和一般的哲學簡史不一樣的是，作者雖然以時間為順序，卻不是流水賬一般地平鋪直敘。本書前後左右融會貫通，可謂一個前後相關的「生命體」，生動地展示了一個動態的西方思想發展歷程。這個「生命體」，就是由理性的「終極夢想」和感性的「非終極的現實」之間的矛盾所組成的「矛盾體」；這個思想的進程，就是一個人不斷地樹立（形而上學的）「終極」然後又不斷地推翻這個「終極」的過程。

此書表面上是一本思想簡史，實質上是一部非常原創的哲學著作。在談史的同時，劉曉波灌注了大量的對人性的個人認識，尤其在開篇的緒論中。劉曉波否認「終極實體」的存在，所以把哲學對「終極」的追求稱為「迷霧」——即虛幻之意。並且，在他眼裡，不光是形而上學的終極，人對任何一種「終極」和「絕對」的依賴都是虛妄。比如西方古典哲學中的「理性終極」，中世紀時期的「上帝」，近代的「經驗」和「科學」。也就是說，人，永遠不可能認識到那個能使人超越「暫時」的終極實在，或許這個終極實在根本就不存在。人只有在自己短暫的終將消失的生命中「體驗」生命本身，才是唯一的實現生命價值的方式。從這個意義上來說，「藝術」，尤其是「音樂」，是人實現自身的最直接也是最本質的和最透徹的方式。

關於本書我不想做過多的細節描述，一是我的水平有限，

而是我無心重複他人的思想。希望對哲學感興趣的人親自去讀這本書，相信每個人都會有自己獨到的心得體會。接下來我想談談我對劉曉波的「印象」。從書上看，劉曉波顯然受西方近代和現代哲學的影響非常大，包括存在主義哲學，甚至現代文學藝術等等，然而這並不等於他的思想是來源於對西方的模仿。劉曉波是一個視野非常開闊的獨立思想者。在這部書中他對西方哲學歷程的把握是宏觀的，他對西方哲學的嫻熟和極其獨到的透視角度也是和書呆子似的哲學專業人士迥然相異的。讀完此書後我個人對劉曉波的印象可以歸結為三方面：獨立的思想者；反理性主義者和悲觀主義者。

劉曉波首先是一個獨立思想者。僅僅這一條，就使他（也使任何一個思想獨立的人）成為一個不折不扣的反中國傳統文化的人。這是因為，一個獨立的思想者不但不會輕易接受任何一種既存觀念，更會反對一切權威的思想。「懷疑」，是理性的最重要的內涵。而這一點，恰恰和中國的傳統文化理念完全對立，因為中國的傳統思想是權威似的，是不允許被懷疑的。而人只要有理性，就會懷疑，就會發現人對外界的任何解釋都是暫時的。所以劉曉波在書的開篇就說了非常精闢的話：「人類的一切知識都是提問和解答的過程，思想史就是問題史。」（註一）

作為一個獨立的思想家，劉曉波對「人」──這個哲學（或者說形而上學）的終極命題有這非常獨到的解釋：「……對於一

個人來說，生命首先是一個感性的動力系統，理性是生命所具有的自我意識（自我反思）的機能。只有在感性生命的迸發中理性才有可能發揮對生命狀態的反思作用。」（註二）。我認為劉曉波對人的這個註解意義非凡。這句話實際上是在說，只有感性和理性都充分發達的人，才能體會（感性功用）、反省和意識到（理性功用）生命的最深層意義（根據劉曉波的理解，康德就是這樣一個人，而黑格爾就僅僅是一個理性發達但感性枯萎的僵化學究）。

從這一點認識出發，劉曉波對作為整體的中國人做出了從生命意義上最根本的否定：「如果感性生命本身處在萎縮或壓抑的狀態（奴隸狀態），就不可能有理性精神，如果有，也只能是對權威的盲目服從……如果硬要說中國有理性的話，那也決不是西方哲學中的理性，而是以中國的封建專制為基礎的權威理性，……」（同上）

劉曉波對中國文化的批判是徹底的，毫不留情的。他認為中國的古代社會根本沒有任何「知識」可言，由此不可能有獨立的知識分子階層：「中國幾千年封建社會中，沒有獨立的知識階層，沒有獨立的企業家和商人階層，只有統治者和被統治者。」（註三）

由此，劉曉波和魯迅一起，分別從感性上和理性上對中國傳統文化判了死刑。從理性的角度看，劉曉波可能比魯迅看的更為

透徹，但兩者的態度都是堅定而徹底的。

　　和魯迅一樣，劉曉波是個徹底的個人主義者。在介紹存在主義的章節中他這樣說道：「我相信，人最自由，也是最有價值的時刻，不是向全世界宣布：我是人類的代表；而是宣布：我是獨一無二的個人，全世界只有一個，我不代表任何人，只代表我自己。」（註四）

　　這，也許是我個人見到過的最「準確」的「個人主義」的宣言。

　　作為一個獨立的思想者，劉曉波否定中國文化，欣賞西方文化，但他絕非盲目的「崇洋媚外」。他的「形而上學的迷霧」對西方哲學的理性部分作了深刻的反思甚至鞭策。劉曉波認為西方的形而上學起源於對理性的自信，然而這個「自信」，其實是人的自欺欺人似的盲目樂觀，最終將徹底坍塌。他對這個「理性」崇拜的最精彩的抨擊體現在他對黑格爾的論述中：「……哲學史上從來沒有過任何一個哲學體系像黑格爾哲學這樣大腹便便，臃腫不堪，也沒有任何一個體系這樣金光燦燦，高聳雲霄，更沒有一個體系這樣愚蠢，這樣蒼白。它確實是可望而不可及的金字塔，但在下面埋藏的不是一株幼芽，而是一具腐爛的殭屍。墳墓再輝煌也是死亡的象徵。歷史的高明之處在於：形而上學的終結不是由最大的反形而上學者康德來完成，而是由最大的形而上學者黑格爾來完成。他的哲學的保守和封閉正好為形而上學掘

墓，在客觀上加速了全面的反形而上學的現代哲學的誕生。」
（註五）

劉曉波不但是個具備充分理性的人，同時也是一個感性極度發達的人。正因為如此，他才看到了理性的局限，對西方的理性主義做出了反叛。所以，劉曉波在一個更高的智力（intelligence）意義上又是一個反理性主義者。

出於劉曉波對人的生命本身的認識，他認為理性永遠不可能像人所期望的那樣把人帶到「真理」的彼岸，而人只有在生命——這個「感性的動力系統」的運作中才能最大限度地實現生命的目的。這導致了他對藝術的推崇：「非理性並不是動物狀態，人的非理性在高層次上是生命的充分開放，沒有這種開放狀態就不會有創造力……歡樂也好，悲哀也罷，人生命的巔峰體驗都伴隨著全身心的沉醉。人的生命始於音樂而終於音樂。」（註六）

西方現代哲學中強烈的反理性主義思潮，體現出人對生命本身回歸的傾向。劉曉波正是在這一點上在現代哲學中找到共鳴。他把現代哲學和現代藝術相比，認為如果現代藝術對理性的反叛使其成為「純藝術」的話，現代西方哲學對形而上學——也即理性——的反叛就使其成為了「純哲學」。

這樣的反理性主義精神，使劉曉波的文筆中處處透露一種宗教情懷。雖然劉曉波決不可能是個盲目信仰宗教的人，但他對宗

教的認識是深刻的。他認為宗教是出於人的本能需要。「人類，作為一種具有自我意識的生命，不僅僅要求現世的滿足，現世的有限和短暫使人們更要求來世的滿足……人對宗教的無法消滅的虔誠信仰，就是源於這種對來世的滿足的本能追求。科學真理和啟示真理的對立及其文藝復興以來科學對宗教的節節勝利在很大程度上是一種假象。對於人的價值來說，宗教決不次與科學。而且，相信科學萬能這本身就是一種新的宗教」（註七）

　　除上面闡述的兩點——獨立思想和反理性主義——以外，我認為劉曉波還是一個悲觀主義者。這主要歸因於他對理性的「局限」的認識。他認為人，由於有了理性，有了對生命的暫時性的認識之後，就會有「超越」的需要，而同時人又知道這個超越的不可能，因為人的理性也是有限的，所以悲劇是必然的。「人的自我束縛的頑固遠遠勝於其他的束縛，這一悲劇的原因是：人所創造的一切都是為了能夠超越自身有限性，然而有限的存在根本無法創造出能夠現實地超越有限性的東西。所謂超越，對於人來說，僅僅存在於意念、渴望、幻想之中。」（註八）

　　當然，這個「悲觀主義」決不是在一般意義上的，而是哲學（或者說「形而上」）意義上的。這種悲觀主義，不是一般人理解的怨天尤人的態度，而是一種對生命的正視，是對生命的悲劇內涵坦然接受甚至熱情擁抱的態度。這樣的悲觀主義者，不需要用「終極」，「絕對」或者「上帝」等等幻象來自欺欺人。在這

一點上，我認為劉曉波又和魯迅站在一個層次上。

　　以上便是我對劉曉波的「印象」。《形而上學的迷霧》寫成時劉曉波才三十歲出頭（現在已經過去了幾十年，不知道他的思想會不會有所發展，或者改變？），在這樣的年齡寫出這樣的著作，我個人認為堪稱思想天才。而這樣一個思想天才，卻不被自己的國家和民族所容納，實在是悲哀。所以最後我只希望劉曉波在獄中不要受到太多的折磨，出來後不要再生活在那片沒有生命的土壤之中，因為任何一片沒有生命的土壤都不值得任何一個具有獨立人格的人為之作出任何犧牲。

2011年

註一：「形而上學的迷霧」，「開頭幾句話」，第一頁，上海人民出版社，1989年。
註二：劉曉波「論理性精神」。
註三：「形而上學的迷霧」，上海人民出版社，1989年。第41頁。
註四：同上。第322頁。
註五：同上。第261頁。
註六：同上。第51頁。
註七：同上。第27頁。
註八：同上。第6頁。

六、激情而理性的靈感之作
——讀劉曉波《論理性精神》

    中國文化缺乏理性一說似乎早已近於共識（至少筆者同意這個觀點），那麼理性的定義是什麼呢？筆者曾經嘗試著尋找自己的答案，也零星地讀過一些哲學家們的解釋，而最近在讀了劉曉波（以下簡稱「劉」）的《論理性精神》一文之後，更有心扉洞開之感。

    這是一篇近兩萬字左右的學術論文，邏輯嚴密，語言精練，讀起來非常流暢。文章開篇就「理性」一詞作出了定義：「……理性是人對自身的生命存在狀態（及運動）的自覺意識」（《形而上學的迷霧》，第435頁）。此定義是否準確有待商榷，不過我認為這句看似簡單的話反映了劉對理性的獨特理解，即理性和感性的不可分割性，以及理性對感性的「附屬」性。在劉的眼裡，理性不可能單獨存在，而必須是建立在生命本身——「感性的動力系統」（劉曉波語）之上。所以無生命，便無理性。或者說，如果沒有感性，理性也沒有存在的基礎。

接下來劉開始就「理性」一詞在人類思想史上的變遷作出相對詳盡的分析。劉認為在思想史上「理性」一詞是「動態的」，在不同的思想家哲學家中有不同的定義，比如柏拉圖的「理性洞見」，不同於亞里斯多德的「邏輯理性」；神學中的「神之理性」又不同於人本主義的「人之理性」。而就在同一個哲學家中，理性的含義也不一定是完全相同的，比如康德在「純粹理性批判」中的理性就不同於他在「實踐理性批判」中的理性——前者是在認識論的意義上，後者是在道德宗教的意義上。

　　然後劉開始對「理性」一詞在西方哲學史上的不同層面作了仔細的分析。首先是橫向的，即理性在思想的各個領域中的不同含義。這主要被分類為三個方面：本體論意義上的理性，認識論意義上的理性，以及倫理學意義上的理性。

　　本體論是關於世界的本源問題的考察與研究，比如「人是什麼」，「宇宙是什麼」，等等。在本體論的意義上，理性是和人與世界的本源相關，比如在柏拉圖和黑格爾的學說中，「理性」其實就是人和世界的本質，是高於現象界的終極存在。在認識論的意義上，理性被看成一種認識外界，獲得知識的能力。並且，人的這個「認識能力」，不僅能認識外界，還能認識「人」自身。所以，理性在認識論上的最高意義是「人的自我認識」。在倫理學意義上，理性體現為一種行為上的自我約束能力。這種理性存在於每個社會中，以宗教、法律等體現出來，使社會達

成和諧。

在分析了這三種意義上的理性之後，劉總結了理性的雙重性質（存在於以上所有三種意義中）：「他律性」和「自律性」。他律性，是把理性看成一種存在於個體之外的「權力」，個體接受這個權力的控制。比如王權，社會群體，宗教，國家，等等概念，都是超出個人的，並且是個人必須服從的意志。而理性的自律性，是把理性能力解釋成「內在於每個個體的天賦，是每個人生而具有的人性構成因素」（441頁）。在這種理性精神下，「一切決定的作出必須經過每個人自己的判斷，選擇才能實施，並對其後果負責，決不推諉於他物……也就是：我思考，我決定，我行為，我負責。」（442頁）

在「橫向地」分析了理性的三種意義之後，劉又「縱向地」從西方哲學史的角度，分析了理性的進化過程。這個過程包括：思辨理性、實證理性、實踐理性和證偽理性。這一部分的分析基本上是對西方哲學史的極其「濃縮」的概括，從古典哲學（思辨理性），到近代的實證主義哲學（實證理性），從中世紀的神學（實踐理性），又到現代哲學中的科學哲學（證偽理性）。

在劉的筆下，思辨理性的產生追溯到古希臘。畢達哥拉斯的數學方法，巴門尼德、柏拉圖的形而上學的本體論，亞里斯多德的形式邏輯和形而上的本體論之結合，所有這些共同開創了西方思辨理性的傳統。這個傳統到了笛卡爾的哲學中更成了一個以純

粹邏輯演繹為手段的自明真理觀。劉曉波對思辨理性的總結可以歸於：「本體論上的絕對超現實的形而上學和方法論上的完整，嚴密的邏輯形式。」（446頁）

實證理性是對思辨理性的反叛。相對於一切都脫離現實，不需要現實檢驗的「本體」或「真理」，實證理性認為真理只有在實踐中才能得到。實證理性反對超現實的假設，認為一切認識的來源都在於經驗，所以在方法上提出了「假設、歸納、實驗」的方法。實證理性的產生是隨著科學的發展，以及人本主義的思潮的興起而成熟的。在劉曉波的眼裡，實證理性的可貴不僅在於其尊重現實的精神，還在於其「總是提出富於創造性的假設」的精神，和不服從權威的獨立精神。

實踐理性其實就是倫理學意義上的理性。它是把「理性」看成一種完美的性質，超越了人性的存在，所以是「上帝」，是「至善」。在這個意義上，實踐理性和思辨理性一樣，是超驗的，而與之相異的，是它不是以「真」，而是以「善」為目的，所以實踐理性不需要邏輯的方法，更不需要實證的方法。如果說「實證理性用事實的力量征服人，思辨理性以邏輯的力量征服人，而實踐理性則以『善』取勝，以『情』感人，……」（452頁）。劉曉波認為，西方的宗教信仰實質上是超越一切的，所以也是超越權威的，這「培養了西方人的超世俗的絕對精神境界（無限與永恆）的追求，培養了他們非常可貴的自省（懺悔）意

識的追求。」（455頁）

在最後一節對證偽理性的闡述中，劉沒有直接給出定義，而是概括地闡述了西方從懷疑主義傳統再到證偽理論出現的變遷。劉認為，儘管西方有著懷疑主義的傳統，但以往的懷疑，都具有一種「樂觀主義色彩」，即：都承認一個超現實的「真理」的存在，而自從愛因斯坦和兩次世界大戰之後，人對「終極」——或「真理」——的樂觀信任徹底崩潰，終於認識到，無論是思辨意義上的終極，還是信仰意義上的神的終極，都是人自己塑造出來的虛幻。證偽理性，就是這樣一種態度：「……粉碎所有人造的神話。」（456頁）

所以，在劉的筆下，證偽理性首先和以往的各種理性完全不一樣的，就是不在「本體論」的意義上塑造任何理性可依賴的終極形式，不管是「理念」、「神」，還是「現實」或「科學」。所以在這里人是一無所依。其次，從方法論的意義上，證偽理性結合西方的思辨傳統，提出全新的邏輯方式：猜想——反駁。任何一種理念，都不會是絕對的，都有被「證偽」的可能性，而人，更應該主動「把任何既定的理論不是作為真理而是作為需要繼續解答的問題來研究」（458頁）。所以在此，證偽理性既是一種否定一切的態度，又是一種包容一切的態度。前者體現在對「終極」的否定上，後者體現在對「問題」的包容上。「作為問題，證偽理性不拒絕任何理論，哪怕是巫術，迷信；而作為絕對

真理，證偽理性拒絕一切理論，哪怕是最偉大的劃時代的科學發現。」（458頁）

也正因為證偽理性把一切都看成「問題」，證偽理性，這個表面上反叛一切的理論，才成為了其實是最「寬容」的哲學。因為，既然能夠把一切看成問題，「錯誤」，這個以往哲學家們最忌諱迴避的，在證偽理性中就成了「正常」的事，成了真正的「成功之母」。

證偽理性，作為一種懷疑一切又包容一切的理性態度，似乎是最大程度地影響了劉曉波自己的思想。我認為他的《形而上學的迷霧》全書都是在這樣一種懷疑精神下寫出的。而在《論理性精神》一文中，更是如此。我認為這篇論文最精華，最給人以啟發的，就是在證偽理性這一節的結尾一段：

「人所犯的一切錯誤中最大的錯誤就是避免犯錯誤；人的一切愚蠢舉動中最致命的愚蠢是相信終極真理；人的一切無能之中最致命的無能就是建造權威。沒有超人的全能權威。上帝不是，科學不是，真理也不是。這就是證偽理性給與人類的啟示。」（460頁）

雖說這一段文字是受啟發於證偽哲學理論，但我更認為是劉自己的思想。對終極的否定，對權威的反叛，對錯誤的包容，這，實在是理性的最高境界！

最後，劉對中國文化的缺乏理性的這個現象作了最為精闢的

分析。他簡練地分析了理性的幾個基本屬性：1、「理性是人的感性生命充分迸發的基礎上人對自身獨特性和局限性的認識」；2、理性是懷疑，批判，否定的精神；3、「理性是不屈從於任何權威的精神，一切都要經過自我的思考和批判」；4、「理性是正視並尊重現實的精神」；5。「理性是超越精神。它既要超越自然、社會（功利和政治權力），又要超越人自身」（461頁）。而「中國古代文化不具有上述精神，所以無理性可言」（462頁）

不但在文章的最後劉對中國文化之缺乏理性作出這樣精闢的分析，在文章的各個部分，劉都在分析了各種理性屬性之後「方便」地對照和批判了中國文化中的理性之缺乏，以及當代中國知識分子在馬列主義思想下，在對權威屈從的態度下對理性的曲解。「中國當代哲學對理性的理解與其說是馬克思主義的，不如說是貼上馬克思名字標籤的，傳統文化所遺傳下來的權威理性。」（437頁）

劉在文章中對西方哲學思想各流派幾乎是信手拈來，可見他對西方哲學的熟悉程度。然而我認為對歷史的熟悉本身並不是最令人驚嘆的才能，真正令我佩服的，還更是那些融會貫通於整篇文章中他自己的成熟而獨立的思想。也正因為劉在思想上的極其成熟，他的寫作風格才如此充滿激情，語言隨心所欲而不拘一格。

劉曉波敢於對專製做出挑戰，證明他是個勇敢的人；而在30歲出頭就有如此成熟的哲學思想，更說明他的智慧超群；而正因為有如此成熟的智慧，劉才更是一個包容的人，才可能能說出：「我沒有敵人」這樣的話。

　　然而這樣一個富於寬容精神的人，卻不被他的祖國和民族所包容。

2011

　　註：文章所有的引用均出自於《形而上學的迷霧》一書（上海人民出版社）。《論理性精神》附載與此書中。

第四輯
「救救孩子」

■ 一、童年與自愛

阿加莎·克里斯蒂說過：「人一生中最幸運的，我認為，莫過於一個幸福的童年」（"One of the luckiest things that can happen to you in life is, I think, to have a happy childhood."）。

如果我們把愛——任何形式的愛：愛情、家庭、友情等——看成是對我們生命的肯定，愛，就是一個人生活中最重要的因素。的確，一個人只有在珍惜自己生命存在的前提下才能充分享受生命。一個人得到的愛越多，就越能感受到生命的意義和樂趣。這就是為什麼我們在生活中不惜一切地尋找愛。

不幸的是，來自他人的愛並不是像我們需要的那樣穩定。我們可能失去戀人、朋友、甚至家人。更不幸的是，很多時候在我們努力追求之後還得不到愛。不過，有一種愛，如果我們一旦得到的話就是穩定的，那就是來自於我們自己的愛：自愛。一個有充分自愛的人，能在生活中處處充滿自信，精神上充滿安全感，因為自愛是無條件的，由此也就是永遠不會失去的。

不過，自愛並不都伴隨我們的生命而來。有些人似乎生來就有，有些人一生都沒有，而有些人則須要花很大的代價才能得到。這個不同主要源於童年的不同：即一個人是否在童年得到父母的真愛。

　　如果說所有的來自他人的愛都是不穩定的話，有一種來自他人的愛卻是例外──父母的愛。這種愛是具備了和自愛一樣的屬性：無條件（註）。所以父母的愛是最安全的，我們不必擔心失去它。那些有過幸福的童年生活的人大都接收到這樣的父母愛──不管是從親生父母，還是從養父母，由此他們從人生的一開始就認識到自己生命的價值，懂得了自愛。更由於人在生命之初學到的東西往往是對人生影響最大的，所以這些人在今後的生活中往往都會充滿自信。而另一方面，那些童年沒有得到過父母的無條件的愛的人，往往就在今後的生活中處處發生自信危機和情感危機。他們當中有些人能最終學會自愛，而有些人則一輩子都無法學到，一生都處在自我懷疑、甚至自我否定的掙扎之中。

　　這就是在阿加莎·克里斯蒂這句簡單名言之下透露出的人生真諦。

　　當然也不是沒有例外。人的生命太複雜，人與人天生的智慧也不一樣。很多有過幸福童年的人，在一些特殊的生活遭遇下，自信也會受到挑戰，而很多童年不幸的人，會在生活中悟出真諦，反而比他人更懂得自愛。但是總體的來說，<u>一個幸福的童</u>

年，是一個人的自愛的基礎，而自愛，又是人生幸福的最重要基礎。

2010

註：不是所有的父母愛都是無條件的。在此僅指父母對兒女無條件的真愛。

二、「吃得苦中苦，方為人上人」
──功利人生觀批判

　　「吃得苦中苦，方為人上人」，這短短的兩句被大部分中國人所信奉的人生格言，其實概括了這世界上最功利、最誤導的人生觀念。以下便從「動機」和「方法」這兩方面來簡單地分析一下這個觀念。

　　首先，「人上人」二字，道出了人生奮鬥的全部動機──所有的努力和目的都是要當「騎在別人頭上作威作福」的「人上人」。這其實是一種在極端不平等社會中產生的等級觀念。在極端人格不平等的社會中，踩在自己腳下面的人越多，自己被踩的機會就越少。所以大家都你爭我奪地要做「人上人」。但不太盡如人意的是，一個國家，只有一個君主，只要沒有當上一國之君，便總會有人把自己踩在下面。所以對大多數的人來說，「人上人」的理想是沒有止盡的「仕途」，好多人是為此「壯志」而疲於奔命一生，並沒有太多機會享受真正的人生。

　　「人上人」更是「攀比」的根源。比如本來有車有房，不

愁吃穿，日子可以過得很舒服，然而一旦看見別人開更好的車住更大的房，就感覺不舒服。這種不舒服的「病」，病得淺的，可能還是能自我察覺的「攀比心」，病得深的，就成了一種潛在的「不安全感」，即：錢再多，都覺得「溫飽問題」沒有得到解決。所以這樣的人一輩子都得被「吃飯」問題而折騰，精神追求，或者其它娛樂，只有晾在一邊，等死了後再作考慮了。

其次，達成這個「人上人」的手段，是「苦中苦」。我認為這是一個對人生的非常普遍的錯誤解讀：看到幾個「成功」人士受了些苦難，便忘了還有很多「成功」人士們的順利人生經歷。苦，的確可以磨練人，但也可以摧毀人。世界上很多名家大師都吃過苦，但沒有經歷「苦」而成為「人上人」的，或者一生平凡卻仍然創造力非凡的，也同樣存在。

我曾經一度也持這個觀念，認為苦難磨煉人的意志，讓人看問題更加深刻，但在經歷了一些「風雨」之後，我卻得到一個比較不同的認識。前不久我寫下了對苦難與智慧的理解：「苦難並不是智慧的必要條件，更不是充分條件，但智慧的頭腦卻懂得如何從苦難中吸取它所需要的營養。」也就是說，真正成就智慧的，不是苦難，而是智慧本身。我又在經驗與智慧的比較中說道：「經驗本身不導致智慧。導致智慧的，是一種超越經驗的能力，即一種既能在坎坷的經歷中不放棄希望從而戰勝苦難，又能在平談的日常生活中體會出非凡從而超越平庸的能力。」從這個

認識出發，我們可以看出「苦中苦」並不一定就能產生出「人上人」的智慧。

　　當然，對那些自己死守這個信念，一定要追求「苦」的人們，也沒有誰能阻攔他們。只是有不少人──比如虎媽狼爸──用這個思想在無辜的孩子身上大做文章：看不得孩子過一天「舒服」日子：只要哪一天孩子沒有「勤奮」，就開始緊張起來：長大了怎麼得了？！於是讓孩子睡眠不足，把孩子一生中最寶貴的無憂無慮的童年用來給「人上人」作投資，結果讓孩子的童年「苦」不堪言，三五兩下就被搞成少年老成──其實就是少年「憂鬱症」。

　　人格不健全，心理不健康，就是當了「人上人」也不一定幸福。現實中的「成功人士」自殺的例子比比皆是。所以，「苦中苦」並不保證「人上人」，而「人上人」，也並不保證人生幸福。多踩幾個人下去，並不保證自己不再被踩。最好的辦法，還是安於自己的本性，是什麼材，做什麼料。實現自己生命的既定潛能，並最大程度地讓自己開心快樂，才是不浪費生命的最好方式。

2011年

■ 三、也說「把孩子培養成普通人」

最近網上為「虎媽」蔡美兒的暢銷書《虎媽戰歌》鬧得沸沸揚揚，爭執得面紅耳赤。「虎媽」、「狼爸」們還沒有折騰完，已經有人若有所思，或者說「恍然大悟」地說道要「把孩子培養成普通人」。這句話聽起來似乎有一種悟透了人生，或者說在平凡中見真知的禪味，但其實和「虎媽」「狼爸」犯的是同一個錯誤：孩子可以按父母的意志去培養。

雖然我不是基督徒，但基督教中有一點是可取的，即生命是「上帝」的造物，而非人為的作品。從這個角度，我們就可以認識到生命的成長也不是——或者說完全是——人能控制的。雖然父母的結合產生了孩子的生命，但這個生命成長過程並非是父母們能完全操縱的。如果孩子是個普通人，父母要卻把他／她培養成天才，這是絕對不可能的；而如果孩子是個天才，父母想要把他／她培養成普通人，也同樣是辦不到——或者很難辦到的。作為父母，最好的養育方法，就是在可能的情況下給孩子提供最好

的條件，讓他們能多方面發展，最終成全他們自身生命的潛能。

　　所以，做父母的，最好少想一點自己把孩子「培養」成這樣或那樣，而多花點心思讓孩子自然地發展，天才也好，普通人也好，一方面不是父母能操控的，另一方面也都是應當被珍惜的生命的奇蹟。

2011

四、什麼才是真正快樂的童年
——駁「先苦後甜」的育兒觀

　　如果說「先苦後甜」是指人在早期的不幸遭遇中得到意志和能力的磨練，從而能自如地應付之後的各種挑戰的現實經歷，這當然是值得驕傲的人生經驗；如果說由此就應該人為地給孩子製造各種「不幸」，剝奪孩子在童年期應有的快樂，則是一種機械性的依樣畫葫蘆似的拔苗助長更適得其反的教育方式。不幸的是，後者在中國父母中還比較普及。這些家長們在所謂「先苦後甜」的口號下，在知識技能方面對孩子大肆施壓，把孩子的童年搞得痛苦不堪，直接威脅著下一代的心理健康。這個現象的原因筆者認為主要是出於這些父母對人生（以及人性）的錯誤認識。這些錯誤認識歸納起來大致有以下幾點：

　　1，<u>物質和功利主義的人生觀</u>。很多人認為物質的東西是人生幸福的主要來源。這樣的看法從哲學的角度去定義，就是「物質主義」的人生觀。持這種觀點的人，如果不是生來富貴，必然認為要靠大力「奮鬥」和「吃苦」才能換來一個榮華富貴的明

天。這種人不懂得人真正的快樂其實並不建立——或不完全建立——在物質因素上，而是建立在一些非物質的內部因素上，如自信自愛等等。當然極度的貧窮狀態自然難以讓人有幸福感，但有自信的人，財產可能不豐，地位可能不高，但只要基本生活需要得到保障，就可以享受生命的快樂。這樣的人，才是人生最大的贏家。

2，<u>讓孩子太快樂了會把孩子寵壞</u>。這是出於好多父母對「嬌寵」和「愛」這兩個概念的混淆。對孩子的愛和對孩子的嬌寵，其實是完全不同的兩個概念：前者是對孩子的性格和能力上的無條件地接受和尊重；後者是把孩子置於高高在上的地位，無條件地滿足孩子的物質慾望，甚至縱容孩子的一些道德上的不良行為。一個真愛自己孩子的父母，一方面能夠接受孩子的先天能力不足的現實的，即對孩子「無條件的愛」；另一方面，對孩子在道德上的傷害他人的行為又決不讓步。這樣的愛不可能把孩子寵壞。也正因為很多中國家長對這兩者的混淆，導致了很多中國少年兒童在學業上過於注重攀比，同時又對如何尊重他人的態度極度陌生。

3，<u>對兒童快樂的錯誤認識</u>。很多家長以為給孩子吃飽喝足，給以物質上的滿足就是讓孩子快樂了。不錯，這些的確都能讓孩子得到一定程度的快樂，並且，為孩子提供基本的物質需要是父母的起碼責任。然而這一點是遠遠不夠的。父母對孩子的起

碼責任中還包括對孩子的「無條件的愛」。之所以這樣說，是因為父母的愛，是兒童快樂——除衣食住宿以外——的最重要的基礎。

為什麼呢？這其實是一個哲學，或者說心理學範疇的相對深奧的話題，但深入淺出地說，由於人從脫離母體之後的那一刻起，孤獨感就注定伴隨人的一生，是人生幸福的除生存之外的最大威脅。由此，生命並非生來就一定是幸福的。然而愛——並且只有愛——能消除這個威脅。孩子在沒有商量的前提下被生下來，父母的最大責任，就是通過愛讓他們在感情上感到安全。所以和孩子在一起玩，做他們的朋友和陪伴，對他們的個性和創造加以讚賞，等等這些，都是肯定他們生命的行為，是愛的行為，是他們以後人生最大的情感財富。也正因為如此，很多貧苦家庭中的孩子，儘管物質財富極度貧乏，但由於父母給予他們充足的愛，對他們的生命本身給予了充分的肯定，導致他們後來的人生非但不像一般人想像的那麼慘淡，反而因自信而戰勝諸多客觀困難，使他們的潛能得到最大程度的發揮；而有些同樣貧苦家庭的父母，為了功利目的，把自己孩子送到有錢人家，讓孩子失去了父母愛，於是儘管後來成功，卻在心理上蒙上一輩子抹不去的陰影，一生都沒有真正的幸福（美國電影《公民凱恩》講述的就是這樣的故事）。

這裡再強調一下「無條件的愛」中的「無條件」的概念。

無條件在此並非指父母可以無視孩子在道德上的各種出軌行為，如傷害他人等等，而是指不把孩子的一些先天條件看成父母愛兒女的條件。「兒不嫌母醜」，但首先要母不嫌兒醜。中國人普遍在兒童教育的這個問題上基本上是本末倒置，即：在道德上對孩子「無條件」地放鬆，在能力上又絕對是有條件的「愛」——嫌孩子這不行那不行，這方面比不過張三，那方面比不過李四，等等。這種態度其實是對兒女的在心理上的折磨，反映了父母自身的自卑感，更反映了在社會中的強烈的競爭狀態已經達到了普遍的人性扭曲甚至人性喪失的程度。

4，不「讓孩子成為孩子」。俗話說「虎毒不食子」，連動物都知道讓幼子不受外界惡劣條件的威脅，偏偏人——這個比動物進化得更充分的人，反而出現虐待自己親生兒女的現象，真可謂人類文明的一大「奇蹟」。之所以要讓孩子成為孩子，是因為要遵循一個自然的身心發展規律，即：生命是一個從幼小脆弱到強大堅韌的自然發展過程。所以在幼小的生命期父母對孩子絕對應該施行保護，而隨著孩子的成長才漸漸地灌輸責任和對付生存壓力的能力。引一段我在《「兒童成人」與「成人兒童」》一文中的序言：

> 「人的成長，大凡是從簡單到復雜，從被動到自主的一個
> 發展過程。童年，是一個人的全新生命的開始，所以兒童

都會自然地興高采烈地接受這個世上的一切信息。童年也是人生最好奇的階段——任何一個發育正常的孩子，都會對很多在成人看來毫無意義的現象和事物驚嘆不已，所以有「兒童最熱愛生命」的說法（這個說法也或多或少地「印證」了「人之初，性本善」倫理觀）。除了這個「純真性」以外，兒童的另一面是體現在肉體和精神兩方面的「脆弱性」，所以他們需要得到成人的保護。隨著人的成長，這個「簡單」漸漸地變得「複雜」起來，這個「脆弱」也漸漸變得堅強起來，由此個性逐漸成熟，最終成為一個獨立自主個體。這就是人的成長的自然性。順應這個自然性，人就會健康地成長，反之，就會出現扭曲的人格。」

　　讓孩子成為孩子，除了給孩子以物質和情感上的保護之外，還在於讓他們得到充分的玩耍自由。遊戲，是人生最大的樂趣，而童年的快樂，又來自於兒童們能夠無憂無慮地享受遊戲的快樂。兒童天生就知道自己喜歡什麼。這一點絕對不需要父母「教」。這是因為兒童，這個人生的最初級階段，人的天性處於最為飽和的狀態，在玩耍方面，他們自有天性的指導。事實上，人在成人之後，在為生存奔波到一定的時候又會從新返回到這個自然狀態，找回被社會和文化剝奪了的「做遊戲」的快樂，而那

些由於天資良好從而從不失去這個「做遊戲的快樂」的人，是世間最智慧最幸福的人。所以，對孩子的愛的最重要一點，就是要「讓孩子成為孩子」，不要給他們壓力，而要讓他們盡情地玩耍。

　　筆者自然不反對一切人為知識的灌輸和培養，而僅僅認為，人不管做任何事，都要有發自內心的興趣。好多科學家思想家之所以達到一般人沒有達到的高度，就是因為對知識的探索和創造在他們眼裡其實就是「遊戲」。對人為知識感興趣的，或者說在這麼早的階段（學齡前）就對知識技能感興趣的人，不是沒有，只是少數而已。如果孩子出現了對知識感興趣的傾向，父母當然應當給以鼓勵，並提供條件，但孩子如果沒有對知識表現特殊興趣，強行地灌輸應該是害多於益的。能力上的培養雖然重要的，但并不需要那么早，甚至犧牲一生唯有一次的童年。并且，真正有能力的人，對技能掌握是非常迅速的，而天生能力差的人，即使從小訓練，也不可能在能力上有根本的改變。順其自然的育人之道，是如果孩子是參天大樹的料父母就應該幫助他們成為參天大樹，而如果孩子是一个朴實的野花野草父母就應該讓他們成為快樂的野花野草。

　　5，對人生各階段的分割的認識。持「先苦後甜」的觀念的人，往往分割地看待人生，不懂得人生整個階段其實是一個有機的整體，從而此時的因，會導致彼時的果。出於對人生的物質主

義的理解，很多人把人看成簡單的機器，以為自己在物質（包括知識）上投入得越多，後面得到的自然就多，而完全忽略人性的心理成長部分——也是人的成長的最重要的部分。很多家長不懂得兒童期遭受的心理扭曲會導致什麼樣的後果，從而不在乎孩子所遭受的壓抑和焦慮。如果人真是機器，遵循簡單的機械原理，那麼這樣的高壓投入可能會帶來豐厚的報酬，但人不是機器，而是一種複雜的感性和理性的綜合體，此時感情上的傷害，會導致彼時——甚至是一生都無法解除的心理陰影。更由於雖然人是感性和理性雙方面的綜合體，但感性更是對一個人的生命起決定作用的一方面，所以感情上的傷害，可以影響到一個人的生活的各個方面，甚至所有方面。由此，對孩子感情上的壓抑，剝奪，所導致的後果之嚴重性是怎麼強調都不過分的。

從嚴格意義上來看，在兒童期給孩子以超出他們承受能力範圍的壓力還不能被稱為「吃苦」，而應該被稱為「兒童虐待」。這屬於兒童虐待中的「情感虐待」類，英文叫做emotional mistreatment。這樣的做法對孩子是有百害而無一益的。更重要的是，如果把父母對孩子的虐待和社會外界給孩子帶來的不幸作比較的話，前者帶來的後果更為嚴重。這是因為父母——這個把孩子帶到世界上來的人，是孩子在生活和情感的所有方面的最根本的依靠，也是孩子認識外界人際關係的第一參照，所以父母對孩子的感情疏忽，甚至虐待，往往會直接導致孩子將來對人的消極

態度，對人性的失望，甚至對人的憎恨（註）。

　　從上面幾點來看，一個快樂的童年，除最基本的衣食住宿得到保障之外，還包括父母的無條件的愛，和自由遊玩的保障。由於自信是人生真正成功的最大資本，而「愛」——童年期父母的無條件的愛，又是人自信的資本（參見《童年與自愛》），所以，一個真正幸福的童年，將是一個人一生事業成功和個人生活幸福的最大保障。「先苦後甜」的說法其實是物質主義的短視導致的對人性的錯誤判斷。遺憾的是，中國社會這種人非常之多，不能不說是中國社會極度物質主義，人性極度異化的結果。

2013年

五、簡說兩代人之間的愛與孝以及人類進化的方向

　　父母對兒女的愛是無條件的，即：無論兒女是否回報，父母都以愛對待之。這是因為，父母把兒女生下來是父母的選擇，讓兒女有安全感從而健康地成長理所當然地是父母的責任。這就是「選擇」與「責任」之間的關係：一個人一旦做出選擇，就要為後果負責。如果兒女出落得好，成長健康，甚至「有出息」，做父母的一方面感到欣慰，另一方面還應讓兒女感到那是他們自身的天賦所致，以促進兒女的更加自信；而兒女的人生一旦有什麼差錯，做父母的應該首先檢討自己，反省自己在養育上是否有差錯，而非只僅僅停留於對兒女的譴責上。

　　是的，「居功不傲」、「有責必擔」，聽起來父母很吃虧，但做不到這一點，最好不要生孩子。

　　兒女對父母的愛剛好相反，是有條件的。如果父母在養育兒女的過程中出於自私而導致愛的缺乏，甚至虐待兒女，兒女不一

定要以愛或「孝」做回報。這是因為保護自己的生命，讓自己的生命健康成長，是每一個人的人生第一大責任。父母生兒育女，就是要讓自己的生命延續並健康發展，而父母如果在這一點上失職，兒女理所當然地要承擔起保護自己的責任，讓自己的生命脫離父母的毒害而健康發展。所以，兒女對父母有愛與不愛的選擇。

這就是自然規律，或者進化的規律，因為物種延續是生命的本能。順應這個規律的人種或物種就能向前進化，反之則倒退甚至衰亡。中國文化則剛好是逆其道而行之：父母對兒女的「愛」是有條件的，兒女對父母的「孝」是無條件的。中國文化把父母對兒女的愛假定成必然從而不加拷問，把餘下的所有努力都用來馴服兒女，讓他們對父母無條件地順從。誇張點說，整個中國的倫理道德史就是犧牲晚輩從而供奉父母的歷史。所以在孝文化成熟後，中華文明的進化的方向不再是向「前」，而是向「後」。難怪「今不如昔」！

比較一下中國和西方的老人，一個最大區別，就在於一個「犧牲自己」：西方的老年人多儘量離兒女遠一些，寧願仍受孤獨也不願妨礙兒女的生活；而中國的老人，越老越要不惜餘力地耗費兒女的精力。由此好多中國人要在有限的生命中做出的大的創造是非常困難的，因為他們在最成熟、最富於創造的年齡段一方面背負年老父母的負擔，另一方面承受自己兒女的拖累（當

然，筆者認為在社會福利不完善的折會中，照顧生存有困難的老年人也應該是兒女的道德責任）。一代又一代，中國人的生命力和創造力就這樣消耗殆盡。

孝文化是「吃人」的文化，因為它是違反自然規律的文化。只有徹底拋棄孝文化，中華文明才能回歸自然，中國人的生命才能健康成長。

2011年

六、簡析兒童虐待受害者的幾種心態以及超越的可能

大凡從小被父母虐待過的人都有一番難言的心理歷程，有的能超越，有的卻不能。在此我想從受害者的角度，把受害者普遍具備的心態和如何超越的方法做個簡單的分析。

1、怨天尤人

很多童年不幸的人都愛抱怨。給人一個自暴自棄的印象。我個人認為，這個「抱怨」暗示著患者的傷口還在流血，患者還感受著疼痛，所以不得不呻吟。這個行為特徵其實並不是患者自願的或自覺的，旁觀者不分青紅皂白地叫患者閉嘴，大凡或多或少都是出於「站著說話腰不疼」角度。雖然旁觀者的評判出於對情況的不瞭解，也是無可厚非的，但評判本身仍然是缺乏同情心的體現，其原因自然是由於對兒童虐待的缺乏認識。

2、「成人兒童」

　　兒童虐待受害者的普遍問題就是「成人兒童」——雖然已是成人，但在心理上極其不成熟、不獨立，在生活的多方面繼續依賴父母。

　　首先由於這些人從小就被父母看成「劣等」，所以他們漸漸形成了一種根深蒂固的自我認識——認為自己是因為不夠某種「標準」才受到父母的虐待；其次由於這些人從小沒有選擇的權利，從來沒有感受過人格獨立，所以他們在心理上很難真正走向成熟。這兩者加在一切，讓他們不但不能真正長大，還在自己的成年生活中繼續讓父母壟斷自己的意志，干擾自己的生活，而自己也不停地繼續「努力」爭取父母的認可，無形中鼓勵了父母繼續控制他們甚至虐待他們的行為，成了自願的「被虐待狂」。

　　這種人生活在對父母的感情幻覺中，總認為父母之所以這麼「恨鐵不成鋼」，都是自己的不足。他們始終相信「父母其實是愛自己的」，這個信念幾乎成了他們的「宗教信仰」，是他們的生活的全部支柱。對這些人來說，「叛逆」是不可能，甚至想都不敢想的事，因為沒有父母對他們來說就意味著自己成為「孤兒」，這將是比父母的虐待大得多的懲罰。

3、「原諒」的誤區

「原諒」似乎是在人類的任何一個社會中都被高高掛起的「美德」，是人人追求的人格境界。然而，根據筆者個人的觀察和理解，原諒其實是一種能力，而不是，或者說不完全是一種選擇。原諒是一種在自愛充分發展之後的一種對現實的超越。沒有充分的「自愛」的「原諒」，是脆弱的自我或人性虛榮的裝飾品。這樣的「原諒」是對現實的回避，結果是對受害者自己更深的傷害。這也是為什麼好多兒童虐待受害者在成人之後一方面因為強迫自己原諒父母而繼續認可父母對自己的各種蠻橫要求，另一方面又在其他人際關係中釋放自己被壓抑的自我，把「氣」出到無辜的人的身上，比如自己的孩子或自己的伴侶。

蘇珊·弗沃特（Susan Forward）在《毒藥般的父母》（*Toxic Parents*）中提到受害者恢復自愛自信的第一步就是可以「不原諒」。她認為「原諒」是父母通過自己的努力——改變自己對兒女的態度等——「掙」來的，而不是兒女無條件地「施捨」的。

我認為，要求受害者無條件地原諒曾經施害于他們的父母其實是站在施害者一邊的對受害者更大的權利剝奪。在人類的相互傷害中，不管施害者和受害者是誰，從公正的角度，受害者的需要永遠是第一位的。如果受害者的傷口沒有痊癒，他們需要呻

吟，或者無法原諒，等等這些都是值得同情的行為，旁觀者不但不應該指責，更應該出於人道主義而給與理解。作為受害者，也不必強求自己原諒，因為我們任何人都不能強迫自己做自己做不到的事。我們只有首先做一個真實的自己，才能在這個基礎上發展、添加其它更為成熟完美的品質，比如原諒。

4、「超越」過去

我們能選擇事業、朋友、愛人，但卻不能選擇父母，這的確是非常遺憾的事。但事情已經發生，「認命」也許是最容易的選擇，甚至是唯一的選擇。然而「認命」不同於「認可」。認命並不等於繼續接受自私父母的虐待。昨天不能被改變，甚至不可能被忘記，但人卻有可能讓它不再干擾後來的生活，從而創造一個屬於自己的明天。這就是「超越」。

超越的方式，很多人可能會認為是「原諒」，我不以為然。超越可以是原諒（如果父母作出了具體努力，或者自己變得強大之後），也可以是不原諒，這些，都是因人因事而異的具體方法。但有一點是必須的，就是不能讓父母繼續虐待或者干擾自己的精神生活。沒有這一點，「超越」是不可能的。做到這一點的方式，可以是和父母疏遠甚至斷絕關係，也可以是父母雖然一如既往，但自身由於身心強大，即使保持和父母的關係，心靈也不

再感受到傷害。

　　總之，方法各異，但殊途同歸，目的就是一個：為了擺脫自私父母的控制從而發展出屬於自己的獨立的健康人格。

2011年

七、「慶文」
——寫在六一的記憶

　　馬上就是六一國際兒童節了。平常這個節日我很少想得起有什麼可寫的，但今年卻有些不一樣，我老是想起一個童年時代的「玩伴」——慶文。他姓什麼我都不記得了，「慶文」也是我根據發音暫且借用的兩個字。自從5歲半之後，我一生中再也沒有見過他，甚至沒有想起過他。但今年的六一，我卻覺得應該為他寫點什麼。

　　那是在我4、5歲時，因為父母（「為黨為國」）工作太忙，我被寄養在一個姓郭的家庭中。這一家的女主人被稱為「郭媽」，我叫她「婆婆」。雖然在我出生時我雙親的父母都早已過世，但郭媽在我心中一直是我真正的「外婆」，在感情上我和她比和自己父母更為親近。郭媽有三個兒女，都比我大得多，對我都非常關愛，「爺爺」——郭媽的老公——對我也無限仁慈。所以雖然總體來說我的童年充滿不幸，但在我5歲半之前的時光卻是快樂的。然而在這個快樂中卻有一個陰影，那就是慶文。

慶文是郭媽家隔壁的一個單身男子的兒子。他大概和我同歲，或者最多比我小一、兩歲。我早已記不清他的模樣，也不記得和他在一起都玩些什麼遊戲，不過，這些都不重要，因為此文並非要為慶文立傳，而是要記下他留在我的記憶中的唯一的印象——一個被自己的親生父親非人地虐待的無助的中國兒童。

在郭媽家所居住的一套平房中一共住了三家人。郭媽家居中；左邊是一家姓彭的，其小女兒是我童年時最好的朋友；右邊便是慶文家。慶文家大約只有一個單間，相比其他兩家來說，顯得很寒酸。平時在一起玩的小朋友都幾乎不去他家裡玩，不過偶爾我們會從門口探個頭進去看看，其間黑壓壓的一片，依稀可見一張破床，一張桌子，幾把椅子，還有被扔在地上的一些雜物，總之毫無生氣。慶文的父親是單身，大概是一個做什麼體力活的工人。記得他的一隻眼睛不知為何瞎了。除了是獨眼之外，在我的記憶中慶文爸還是個酒鬼——從來都是醉醺醺的樣子。

慶文爸每天獨自去上班，總把慶文一個人扔在家裡，所以慶文也常和我們一塊兒玩。下午慶文爸回來，如果情緒好，慶文或可平安，否則，慶文便會遭受虐待。我見過的一般是用竹條抽打手心，「情節嚴重」時，還會被用燒紅的火鉤「打」。鄰居經常都聽到慶文的淒慘哭叫聲，不過似乎大家都習慣了，視之為正常。不止一次我從他家門前走過，看到慶文被捆在門前的樹上；還有一次，（記憶中是炎熱的夏天）我從他家門口看到這個「父

親」正用燒紅了的火鉤打慶文赤裸的雙腳。他一邊打一邊罵，嗓門一提高時手中的火鉤就朝著慶文的腿腳「靠」過去。慶文每被「觸及」一次，就蹦跳起來，發出淒慘的叫聲。我清楚地記得慶文是在火鉤還沒有接觸到他的皮膚時就已經在極度恐懼中慘叫起來了，而在接觸到的那一瞬間慘叫聲就會突然提高至他幼小的生命能發出的最大音量。我後來想，他一定拼命地想躲開，但卻清楚地知道自己無處可逃，更被「命令」過不能動。我至今還清楚地記得他爸每次在打出手時都反復「強調」「不准動」，暗示如果動了則會有更可怕的結果。所以每次，不管是被竹條抽打還是火鉤「烙」，慶文都最多只能在方圓一兩米的界內像一隻瘋狂的小動物一樣原地蹦跳，決不超出他父親伸手所能及的範圍。

記憶中我常見慶文被捆在樹上，但我從來沒見過慶文父把慶文捆起來再打他的情況。每次施暴，慶文都是手腳自由的，蹦跳之後總是乖乖地站在原地，給「父親」的「工作」（還是「娛樂」？）提供最大方便。這個父親甚至可以舒服地坐在凳子上，輕輕一抬手就可以讓兒子在恐懼中跳起來（多麼大的威力啊！）。那麼為什麼慶文經常被捆在門前的樹上呢？我後來才知道，那時因為慶文爸的另一種「方便」──自己不願意帶著兒子出門，又不願意麻煩鄰居，所以最簡單而省事的辦法就是把他暫時捆起來。

那時大約因為房間內通風不好，火爐經常都放在門外。有一

兩次，我和一個玩伴看見火鉤放在爐子裡「加熱」，便趁他父親看不見時偷偷地把火鉤取出來，或放進水裡，或乾脆扔掉。這，就是記憶中我對慶文做過的唯一「好事」，並且也很有可能是慶文得到過的來自他人的唯一幫助。顯然，這點幫助對他的處境根本起不了什麼作用。留在我的記憶中的，永遠是那個被父親捆在樹上的衣衫襤褸的男孩，和他望著我的無助的眼神。

那段時光雖然有著慶文的陰影，但每天我和同伴仍然有太多其他好玩的事，所以慶文的遭遇，並沒有很大地影響我自己當時的快樂生活。再說那時我太小，還不懂得他承受的不幸有多麼深重。後來自己有了類似的遭遇，更在自己的成年經歷中認識到兒童虐待的嚴重性之後，我才又想起了這個幾乎在我記憶中消失了的童年朋友，開始設想他幼小的生命是生活在怎樣一種恐懼之中。

幾十年過去了，生活告訴我，在中國，慶文並非一個特殊的例子。即使不計算我自己的經歷，我後來的朋友同學中和慶文類似的並不少。比如我的一個高中同學平時經常挨打，她母親動輒給她一個飯碗，威脅著叫她出去獨自要飯，還有一次手臂差點被折斷，更有一次差點被活活掐死。再如我讀小學時就聽說我同班的一個非常調皮的男同學不但經常被父親毒打，並且被捆起來用鐵夾鉗「侍候」過。另外在我成長的環境中——一個高等學校，也聽說一個文質彬彬的有名的教授曾把他的兒子吊起來毒打過。

這樣的例子還有很多，舉不勝舉。當然，所有這些例子，包括慶文，與發生在十幾年前的青海省的那個案例（一個6歲的小女孩被自己母親用勝過法西斯的手段活活折磨致死）相比，都應該算是非常「仁慈」的了。

我總是感到很奇怪，為什麼有那麼多中國人看不到每天都發生在中國的嚴重的兒童虐待（甚至有人認為「兒童虐待」是西方文化的「特產」）？是他們真的沒看到，還是看到了卻不以為然？或者，他們真的不認為孩子也和成人一樣會感受到肉體和心靈的痛苦，更想像不出人的童年遭遇會影響一個人的一生？我曾經這樣說過，如果稍微誇張一點，中國的幾千年的道德史就是一部兒童虐待史。不是嗎？讀一讀「二十四孝」，再想一想1994年的新疆大火中死亡的300多學生，難道兒童不是在成人眼中的可以理所當然地被犧牲的工具？

步入中年之後，筆者對中國的兒童虐待現象作過一些相對系統的思考，不過今天這篇短文，決不是要對兒童虐待作任何理性的分析，而只是想做一個感性的觸及：把這個看似「平常」的一個記憶留下來，獻給慶文，同時告誡自己和他人，這樣的經歷，雖然對於它的親身經歷者最好忘卻，但卻不能被社會忘卻。這是因為，只有當一個社會記住了這些非人性的發生，認識到這是罪惡，才可能從建一個保護兒童的環境，使其間的生命健康地成長。

筆者不是種族主義者，但仍然意在把此文獻給中國兒童，因為他們受害的歷史太長，受害的程度太深，卻又總是被社會忽略，掩蓋或忘卻，甚至被這個早已腐爛不堪的傳統合理化。

記住慶文，記住小蘇麗，「救救孩子！」

2013年

國家圖書館出版品預行編目

「孝」的「孫子」效應：中國文化反思 / 雲易
著. -- 臺北市：獵海人, 2020.03
　　面；　公分
　　ISBN 978-986-98841-1-2(平裝)

541.26207　　　　　　　　　　109002751

「孝」的「孫子」效應
──中國文化反思

作　　者／雲　易
出版策劃／獵海人
製作銷售／秀威資訊科技股份有限公司
　　　　　114 台北市內湖區瑞光路76巷69號2樓
　　　　　電話：+886-2-2796-3638
　　　　　傳真：+886-2-2796-1377
網路訂購／秀威書店：https://store.showwe.tw
　　　　　博客來網路書店：http://www.books.com.tw
　　　　　三民網路書店：http://www.m.sanmin.com.tw
　　　　　金石堂網路書店：http://www.kingstone.com.tw
　　　　　讀冊生活：http://www.taaze.tw

出版日期／2020年4月
定　　價／300元

版權所有・翻印必究　All Rights Reserved
Printed in Taiwan